몹시 예민하지만,
내일부터 편안하게

몹시 예민하지만, 내일부터 편안하게

과민성 까칠 증상의 마음평안 생존법

나가누마 무츠오 지음 | 이정은 옮김

홍익출판사

목차

제1장

**너무 예민해서
살아가기 힘든
당신에게**

제2장

**너무 예민한 나,
어떻게 하면
좋을까?**

너무 예민한 내 자신과 어떻게 마주할까?

제3장

다른 사람의
영향을 너무
많이 받는다

나만의 울타리를 튼튼하게 만들어라

제 4 장

힘든 직장생활,
어떻게 견뎌야
할까?

나만의 피난처를 만들자

제5장

**일상생활에서의
크고 작은
고민들**

건강이나 식사에 대해 너무 민감하다

제6장

**가족이나
주변 사람들이
HSP라면**

가족이나 친지가 HSP라면 어떻게 대해야 할까?

제7장

에필로그

당신의 예민함은 '결점'이 아니라
타고난 '재능'이다

뉴욕주립대학 교수이자 세계적인 여성 심리학자인 일레인 아론
(Elaine Aron) 박사는 어려서부터 지나친 섬세함과 칼날처럼 신
경질적인 성격으로 사회생활을 해나가는 데 이만저만 고생이
아니었습니다.

　그녀는 자신의 이런 문제점이 감각 자극에 너무 민감하게 반
응하는 체질 때문이라고 생각하고 25년의 세월을 들여 '매우
민감한 사람'이라는 의미의 'HSP(Highly Sensitive Person)' 개
념을 정리했고, 이를 바탕으로 1996년에 《타인보다 더 민감한
사람(원제: The Highly Sensitive Person)》이라는 책을 출간했
습니다.

　이 책은 세계적으로 큰 반향을 불러일으키며 베스트셀러가

되었는데, 그 뒤 여러 나라에서 HSP에 관한 서적들이 잇달아 출간되면서 심리학계를 넘어 일반인들에게도 큰 주목을 받게 되었습니다.

이렇게 특별한 분야의 책이 세계적인 베스트셀러가 되었다는 사실은 우리 주변에 지나친 섬세함과 신경질적인 성격을 가진 사람들이 의외로 많다는 사실을 보여줍니다.

HSP라는 기질을 지닌 사람들은 다양한 모습으로 우리 앞에 서 있습니다. 유난히 부끄러움을 많이 타는 사람, 내향성이 강한 사람, 지나치게 소극적인 사람, 주저하는 성격 탓에 뭔가를 시작하는 데 시간이 너무 많이 걸리는 사람, 남들보다 무서움을 많이 타는 사람…… 심리학에서는 이런 사람들의 증상을 가리켜 '감각 처리 예민성(Sensory Processing Sensitivity)'이라고 부릅니다.

아론 박사는 기질이나 성격에 관한 심리학적 측면만이 아니라 최첨단의 뇌과학 지식에 스위스 정신의학자 칼 융(Carl Jung)의 분석심리학 이론까지 보태는 매우 포괄적이고 통합적인 시야로 '지나친 예민함'에 대해 논했습니다.

아론 박사의 연구에 따르면 HSP의 특성을 가진 이들은 대단히 신중한 처리 능력과 남들보다 아주 많이, 그리고 크게 자극을 받는 특성이 돋보입니다. 또한 공감 능력이 높고, 세밀한 자극을 감지해 내는 특성이 강합니다. HSP가 나타내는 이러한 특성들은 보통 사람들 대부분에겐 없는 소수의 기질입니다. 그들은 매우 순수하고, 감각을 느끼는 수준이 높으며, 직감력이 뛰어납니다.

하지만 '나와 남'을 구별해서 자기를 지키는 경계선이 매우 취약하기 때문에 주위 사람들로부터 쉽게 표적이 되거나 아예 에너지 자체를 빼앗기는 경향을 보입니다.

따라서 HSP 기질이 있는 사람이라면 자기만의 삶을 온전히 이뤄가고 성장하기 위해 기질적으로 서툰 것들과 물리적으로 거리 두기, 부정적인 것들은 마음에 품지 말고 제때에 쏟아내기, 자신을 지키는 방어막을 튼튼히 구축하거나 피로가 쌓이기 전에 때맞춰 휴식을 취하기, 혼자만의 여유 시간을 확보하기 등의 태도가 일상 곳곳에서 필요합니다.

사람은 태생적으로 지닌 특성만이 아니라 부모를 비롯한 양육자, 출생 지역이나 환경, 태어난 시대의 일반 상식과 가치관에 순응해야 하는 운명을 짊어지고 살아갑니다.

하지만 다른 한편으로는 현실의 좋은 점에 눈을 돌리거나 자신에게 필요한 것을 선택하고, 자기만이 가지고 있는 장점을 최대한 살리면서 현실의 벽을 뛰어넘어 스스로 운명을 바꿔나갈 수도 있습니다.

이 책에서는 HSP의 기질 때문에 생기는 일상생활의 힘든 점에 대해 구체적인 설명과 대책을 제시했으며, 여기에 뇌과학적인 지식을 곁들여서 일반 독자들이 HSP에 대해 이해하기 쉽게 설명했습니다.

이 책을 읽고 자신의 마음속에 내재되어 있는 민감함을 최대한 컨트롤해서 진정한 자기다운 모습과 삶을 찾아가며 살아가기 바랍니다.

나가누마 무츠오(長沼睦雄)

너무 신경 쓰여서, 힘든 하루하루…

제1장에서 알려주는 HSP의 기질과 특징을 읽고 자신의 상황과 문제점은 무엇인지 세세하게 파악해 봅시다. 그리고 〈HSP 셀프체크 리스트〉의 25가지 항목에서 자신에게 해당되는 CASE는 무엇인지 꼼꼼히 체크해 보십시오.

스스로 HSP라고 느꼈거나 주변에 HSP인 가족이나 친구, 직장 동료가 있다면, 해당되는 CASE를 찾아 구체적인 사례를 살펴보고, 각 상황의 문제를 극복하는 데 필요한 셀프케어 매뉴얼을 확인하기 바랍니다.

HSP 셀프체크 리스트
자신에게 해당되는 CASE는 무엇이고 몇 개 정도인지 체크한다.

HSP 셀프체크 리스트

당신이 HSP인지 아닌지 여부를 판단하기 위한 '셀프체크 리스트'를 소개합니다. 다음 25개 항목 중 자신에게 해당하는 것들을 체크해 보십시오.
체크한 항목의 수가 많을수록 HSP 기질일 가능성이 높습니다. 안약 한 두 개밖에 해당되지 않더라도 안심할 수는 없습니다. 그 부분이 극단적으로 강하다면 HSP일 가능성이 높기 때문입니다. 구체적인 대응책이나 마음가짐은 다음 장에서 설명하니 해당되는 항목을 확인하기 바랍니다.

- ☐ 1. 항상 자책하거나 자신을 부정한다.
- ☐ 2. 작은 소리에도 신경이 거슬릴 때가 많다. → (Case 03)
- ☐ 3. 항상 움직이거나가 감정 초조해진다. → (Case 05)
- ☐ 4. 걱정거리가 생기면 헤어나지 못한다. → (Case 07)
- ☐ 5. 방을 깨끗하게 정리하지 못한다. → (Case 09)
- ☐ 6. 분노를 제대로 조절할 수 있다. → (Case 11)
- ☐ 7. 나보다 타인의 결정에 따를 때가 많다. → (Case 12)
- ☐ 8. 문득 과거의 나쁜 기억이 떠오를 때가 있다. → (Case 13)
- ☐ 9. 누군가 나를 감시하거나 욕하고 있는 듯하다. → (Case 14)

- ☐ 10. 다른 사람에게는 보이지 않는데 나에게만 보인다. → (Case 16)
- ☐ 11. 주위 사람들에게 쉽게 진심을 털어놓지 못한다. → (Case 17)
- ☐ 12. 사람들이 많이 모인 장소나 음식러가 어색하다. → (Case 18)
- ☐ 13. 낯빛이 원래는 아닌 듯해 보니 항상 피곤해다. → (Case 20)
- ☐ 14. 낯빛의 강함에 따라 감정의 차우들 때가 많다. → (Case 22)
- ☐ 15. 금방 누군가를 좋아하게 되거나 의존한다. → (Case 25)
- ☐ 16. 여전을 때부터 부모에게 지배당하고 있는 듯하다. → (Case 27)
- ☐ 17. 두 가지 이상의 일을 동시에 진행할 수 있다. → (Case 30)
- ☐ 18. 갑작스럽게 예정이 변경되면 혼란스러워진다. → (Case 31)
- ☐ 19. 누가 갑자기 내 이름을 부르면 화들짝 놀란다. → (Case 32)
- ☐ 20. 별것 아닌 실수에도 심하게 동요한다. → (Case 34)
- ☐ 21. 누가 내게 화를 내거나 문제가 생기면 침울해진다. → (Case 40)
- ☐ 22. 허심한 대화나 싸움이 어렵스럽다. → (Case 41)
- ☐ 23. 지적을 받으면 완전히 부정들한 것 같다. → (Case 42)
- ☐ 24. 전자파나 화학조미료가 너무 신경 쓰인다. → (Case 44)
- ☐ 25. 밤에 뭔가 불편해서 숙면을 취할 수 있다. → (Case 44)

혹시 당신이 너무 섬세하고 까칠한 신경 때문에, 또는 부정적인 사고방식 때문에 힘들게 살고 있다면, 이 책을 통해 몹시 예민하더라도 내일부터 편안하게 사는 법을 터득할 수 있을 것입니다.

CASE 찾기

너무 예민한 사람들이 일상에서 신경 쓰는 것들을 대표적인 예시로 소개하고 있다.

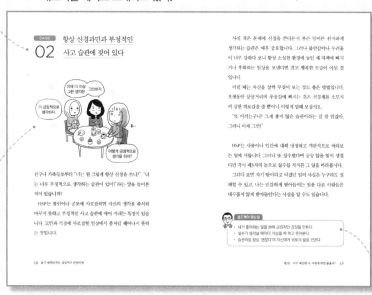

상황에 따른 해설과 만화

일상생활, 직장생활 등에서 HSP가 경험하는 어려움과 문제의 원인들을 구체적으로 설명한다. 해당 내용을 그린 만화가 덧붙여져 있어 CASE별 상황을 쉽게 이해할 수 있다.

셀프케어 매뉴얼

일상에서 바로 실천할 수 있는 간단한 셀프케어 방법부터 힘든 삶에서 벗어나는 데 도움이 되는 마음 습관까지 간단히 정리했다.

제 **1** 장

너무 예민해서
살아가기 힘든 당신에게

너무 예민한 성격,
누구 탓일까?

주위 사람들의 기분에 따라 금세 마음이 흔들린다.

누군가와 대화를 나누다 상대방이 갑자기 기분 나쁜 표정을 지으면 아무 잘못이 없는데도 금세 심장이 두근거리거나 어떻게 해야 할지 몰라 전전긍긍한 경험이 있습니까?

그런가 하면 주위 사람들이나 분위기에 너무 신경을 쓰다 보니 자신도 모르게 피로감이 누적되어 그런 자리를 애써 피한 일은 없습니까?

'나는 안 돼…'라며 스스로를 탓한다.

무슨 문제가 생기면 자기와는 아무 관계 없는 일인데도 '내 탓일지 모른다'며 스스로를 책망하는 사람들이 있습니다. 단순히

양보나 겸손이 아니라 습관적
으로 자책에 빠지는 태도로는
결코 바람직한 사회생활을 해
나갈 수 없을 것입니다.

　이렇듯 예민한 사람들은 '자
의식 과잉'이라는 족쇄에 발이
묶여 고민을 거듭하고, 모든 문
제의 책임을 자신에게 물으며
살아갑니다.

다른 사람이 어떻게 생각하는지 너무 신경 쓰인다.

몹시 예민한 사람 중에는 어디
에 있든, 무엇을 하든, 사람들
의 눈치를 살피는 경우가 많이
있습니다. '미움받고 있는 것은
아닐까?', '바보 취급당하고 있
는 것은 아닐까?', '나를 이상하
다고 생각하고 있는 것은 아닐

까?' 등. 이런저런 생각들이 너무 신경 쓰여서 언제나 일방적으
로 상대방의 비위를 맞추며 살아온 것입니다.

　이렇게 살아가느라 마음고생이 이만저만이 아닌 사람들은
도대체 왜 그런 어이없는 상태에 빠지는 것일까요?

너무 예민한 성격은
어쩌면 태생적인 기질일지 모른다

일레인 아론 박사는 어려서부터 몹시 세심하고 예민한 성격이어서 친구들로부터 따돌림을 당하는 등 자신의 의사를 분명하게 표현하지 못하는 여자아이였습니다.

그러다 대학에 들어가 심리학을 전공하면서 의외로 자기와 같은 사람들이 많다는 사실을 알게 되고, 이 분야에 대한 연구에 일생을 바치겠다고 결심합니다.

그녀는 겉으로 보이는 자신의 모습과 내면에 감춰진 또 다른 자신의 모습을 세심하게 살피고, 여기에 자신과 똑같은 성향을 가진 사람들을 관찰하는 오랜 연구 끝에 'HSP'라는 개념을 찾아냈습니다.

'Highly Sensitive Person(매우 예민한 사람)'의 준말인 HSP는 이때부터 매사에 너무 예민해서 평범한 일상생활을 꾸려나갈 수 없는 사람들을 가리키는 보통 명사가 되어 왔습니다.

아론 박사는 어느 나라든 15~20퍼센트 정도의 HSP가 존재한다고 말합니다. 다시 말해서 전체 인구의 약 20퍼센트는 너무 민감한 성격 탓에 사회생활에 어려움을 느낀다는 뜻입니다.

여기서 중요한 점은 HSP는 환경이나 시대 상황에 따라 후천적으로 나타나는 특성이 아니라 유전적으로 발생하는 선천적 기질이라는 사실입니다. 한마디로 말해서, 어머니의 태내에 있을 때부터 이미 그러한 기질로 평생을 살아가도록 만들어졌다는 것입니다.

성격이나 인격은 자라면서 만들어지는
생각이나 행동 패턴인데 반해서
기질은 감정이나 행동, 자극 등에 반응하는
태생적인 마음의 패턴을 말합니다.

**지나치게 예민한 당신,
HSP일지 모른다.**

HSP는 대수롭지 않은 일에도 몹시 민감하게 반응하기 때문에 보통 사람들의 눈에는 유별나게 행동하는 것처럼 보입니다. 더구나 이들은 무척 소심하기 때문에 무슨 문제가 생기면 일단 자기 탓이라고 여겨서 자신을 최대한 낮추거나 굽실거리는 태도로 일관합니다.

당신이 만약 작은 일에도 쉽게 놀라거나 사회생활의 번잡함이 너무 힘들게 느껴지거나 혹은 주위 사람들의 평가에 날카롭게 신경을 쓰는 타입이라면 일단 HSP일 가능성이 높습니다. 하지만 HSP는 그저 타고난 기질일 뿐 질병이 아니니 HSP라는 기질에 대해 자세히 알고 나면 문제없이 사회생활을 해나갈 수 있습니다.

HSP의 공통점

1. 마음의 경계선이 분명하지 않다.

누구나 타인과 자신을 구별하기
위해 '나는 나, 너는 너'라는 보이
지 않는 경계선을 두고 살아갑니
다. 그것은 다른 사람을 배척하기
위한 게 아니라 저마다의 고유한
개성을 지키면서 독립적인 존재

로 살아가기 위한 최소한의 울타리 같은 것입니다.

　그러나 HSP의 경우에는 이 경계선이 대단히 모호해서 타인
의 생각이나 기분에 쉽사리 동요하고, 원치 않는 감정의 소용
돌이에 휘말리는 일이 흔합니다. 더욱이 타인의 의사에 충동적
으로 휘둘리는 경우가 많아서 자기만의 삶을 영위하지 못하기
도 합니다.

2. 쉽게 지친다.

섬세하고 민감한 성격의 HSP는 항상 신경을 곤두세운 채 생활
합니다. 주변 상황에 휘둘리는 자신을 지켜나가려는 몸부림일
수도 있지만 뇌, 자율신경, 호르몬 등이 쉴 새 없이 풀가동되기

때문에 보통 사람들보다 훨씬 더 쉽게 지칩니다.

이런 상황을 지켜보는 주위 사람들은 별일도 없는데 기진맥진하는 그를 보며 이해할 수 없다는 반응을 보입니다. 상황이 이렇다 보니 HSP는 인간관계마저 원활하지 못하게 되고, 점점 고립되어 갑니다.

3. 자극에 몹시 민감하다.

HSP는 외부 자극은 물론이고 자신의 몸과 마음의 변화에도 항상 날이 서 있습니다. 사람에 따라 정도의 차이는 있지만 오감, 육감, 고통, 이미지, 감정, 분위기에 항상 날카롭게 반응하기 때문에

겉보기에는 무척 신경질적인 모습으로 비치기도 합니다.

하지만 속으로는 무척이나 심약하고 다정다감한 면이 있기 때문에 사람들이 겉모습만으로 평가하는 것에 심한 스트레스를 받기도 합니다.

4. 다른 사람들로부터 쉽게 영향받는다.

HSP는 같이 있는 사람들의 표정이나 목소리 톤, 몸짓 등 사소한 움직임에서도 그들의 기분을 읽어내려고 합니다. 그만큼 주위 사람들의 감정 상태에 의존해서 지레짐작을 할 때가 많기 때문에 자기 혼자 상처받는 경우가 다반사입니다.

　더 심한 경우는 다른 사람의 말이라면 곧이곧대로 받아들이며 휘둘리는 경우가 많아서 감정의 기복이 무척 심한 편입니다. 누가 무슨 소리를 하면 그냥 한 귀로 흘려들어도 될 일에 뭔가 큰 의미를 부여하며 감정 섞인 반응을 보이기 때문에 마음이 온통 상처투성이인 채로 보낼 때가 많습니다.

5. 자기를 강하게 부정하는 습관이 있다.

HSP는 자기긍정감이 대단히 부족하기 때문에 무슨 일이 벌어지면 항상 '내 탓일지 몰라', '나 때문에 벌어진 일이야', '다른 사람들이 뭐라고 할까' 하고 자기를 비하하는 경향이 있습니다.

나는 역시 안 되나봐…

자신보다 타인을 우선적으로 생각하기 때문에 심할 경우 자신이 누구인지조차 모를 때가 있을 만큼 존재감이 없는 편입니다. 더구나 습관적으로 자기를 부정하며 인간관계 사다리의 제일 밑바닥에 자신을 위치시키기 때문에 자존감이 바닥일 때가 많습니다.

6. 직감력이 풍부하다.

무엇을 접하자마자 곧바로 느끼거나 알아내는 능력을 직감력이라 하는데, 이런 감각이 송곳처럼 날카로운 것도 HSP에게 나타나는 공통적인 특징입니다.

눈에 보이는 현상의 이면에 도사린 진짜를 읽어내는 능력이 뛰어나고, '지금, 여기'라는 목전의 상황보다 비전이나 의미를 감지해 내는 능력이 뛰어납니다. 그만큼 이성적이라기보다 감성적인 반응에 강하다는 뜻으로, 특히 예술 분야에 HSP들이 많은 이유이기도 합니다.

HSP는 약점이 아니라
소중한 기질이다

HSP는 사람들이 많이 모인 곳에 있으면 설령 아무것도 하지 않더라도 엄청난 피로감과 함께 멀미라도 할 것 같은 어지럼증을 경험할 때가 많습니다.

보통 사람은 신경 쓰지 않는 사소한 일에도 감각세포를 총동원해서 반응하다 보니 항상 신경이 곤두서 있습니다. 늘 신경 안테나를 높이 세우고 주변의 흐름을 파악하려다 보니 정신적으로는 이루 말할 수 없이 피곤해지는 것입니다.

이러다 보면 아드레날린을 분비하는 교감신경 조직이 극단적으로 활성화되고, 여기에 스트레스 호르몬까지 분비되면서 몸은 '전투 모드'에 돌입합니다.

마치 전쟁터에 서 있는 듯이 입이 바짝 마르고 심장이 격렬하게 뛰며 식은땀이 줄줄 흐르면서 컨디션은 최악을 향해 돌진합니다.

이런 현상은 주변의 소리, 빛, 움직임, 냄새에 예민하게 반응할 뿐만 아니라 그곳의 분위기, 사람들의 감정, 전자파, 알레르기 물질 등에 민감하게 반응하기 때문에 일어납니다.

고감도 안테나가 본인의 의지와는 관계없이 그냥 자동적으로 밖으로 뻗어 나와 제멋대로 작동하는 것입니다.

하지만 그래도 걱정할 필요는 없습니다. HSP는 약점이 아니라 소중한 기질이기 때문입니다. 당신이 그런 기질에 대해 똑바로 이해한 뒤에 감정을 조절하는 법만 익힌다면 몸이 함부로 전투 모드로 바뀌지 않을뿐더러 주변의 자극도 적절히 차단할 수 있게 됩니다.

그렇게 되면 '지금, 여기'에 얼마든지 집중할 수 있고, 들끓는 자극들에도 평온하면서도 튼튼한 마음 상태를 유지할 수 있습니다.

HSP는 평생 함께할
동반자다

사람의 뇌는 마음의 쓰임새에 따라 제각기 다른 특징을 보이는
데, 심리학에서는 이를 '기질'이라고 부릅니다. 타고난 기질은
평생 본질적으로는 변하지 않는다고 알려져 있습니다.

이를 꽃으로 비유하면 이해하기 쉬운데, 장미는 장미로 태어
났으니 백합이 될 수 없고, 할미꽃은 아무리 원해도 국화꽃이
될 수 없습니다.

마찬가지로 인간은 어머니의 태내에 있을 때부터 이미 필요
한 정보를 부모의 유전자를 통해 취득해 뇌나 마음의 반응 패
턴을 자기만의 구체적인 생김새와 모양으로 나타나게 합니다.

그렇기에 우리의 인격은 선천적인 기질과 후천적인 성격으
로 구축되는데, 이 두 가지가 삶을 조화롭게 떠받들지 않으면
뇌나 마음의 균형이 무너져버려 일상적으로 고단함을 느끼게
됩니다. 다시 꽃으로 비유하자면, 장미는 장미다운 개성을 지닌
채, 할미꽃은 또 그것대로 자기 역할을 하며 살아가야지 자기
가 아닌 다른 무엇으로 살게 되면 자연히 피로감이 극에 달하
게 된다는 뜻입니다.

여기서 중요한 점은, 우리 모두에게는 저마다의 개성이 있고 제각기 다른 장점과 단점이 있다는 것이지 좋고 나쁘다는 차이가 있다는 건 아니라는 사실입니다.

그러니 무리해서 자신의 기질을 고치려 하거나 애써 극복하려고 노력할 필요가 없습니다. HSP로 살아가기가 다소 불편하고 힘들다 해서 무조건 피할 생각을 말고 그에 맞는 삶의 방법을 찾아가기 위해 노력합시다.

먼저 HSP에 대해
제대로 알자

HSP에도 여러 타입이 있는데 한 가지 공통점은 자극에 무척 민감하게 반응한다는 것입니다. 특히 주변의 소소한 변화, 색다른 것, 미묘한 감정, 분위기, 몸으로 느끼는 감각 등 작은 현상들에 대단히 예민한 반응을 보이는 특성이 있습니다.

이는 태생적으로 가지고 있는 신경조직의 성질이 남다르기 때문에 일어나는 일입니다. 다시 말해 태생적으로 둔한 사람이 있는가 하면 반대로 민감한 사람도 있는 것인데, HSP는 그중에서도 대단히 예민한 감각의 소유자입니다.

사람의 신경 기능이나 호르몬 분비, 면역 반응이 제 기능을 발휘하기 위해서는 그에 맞는 자극이 필요한데 자극이 너무 많아도, 반대로 너무 적어도 좋지 않습니다.

그런데 신경이 태생적으로 곤두서 있거나 어린 시절 어떤 일로 인해 트라우마가 생겼다면 불안, 우울, 압박감, 죄책감 같은 부정적인 감정 상태를 유지한 채 매사에 극단적인 반응을 보이게 됩니다.

이 같은 상태가 제대로 다스려지지 않으면 문제가 복잡해짐니다. 사실의 회피, 감정이나 감각의 마비, 결정력의 약화, 그리고 부정적인 사고의 틀에 갇혀 매사를 어둡게 바라보는 습성에 빠지게 됩니다.

이럴 경우에는 HSP의 특징이 고개를 드는 것이라고 재빨리 알아차리고 안락한 공간으로 자리를 옮긴 뒤에 몸과 마음을 충분히 쉬게 할 필요가 있습니다.

더 심각한 현상으로 '플래시백(Flashback)'이 있습니다. 이 말은 '비추다'라는 뜻의 'flash'와 '과거'를 의미하는 'back'의 합성어로, 외상 후 스트레스 장애(PTSD, Post Traumatic Stress Disorder)로 발생하는 증상의 하나입니다.

이 증상은 과거의 트라우마와 관계있는 어떤 것을 접했을 때, 그 기억에 강렬하게 몰입되어 당시의 감각이나 심리 상태가 그대로 재현되는 현상을 말합니다.

플래시백이 나타나는 도중에는 현실에서의 감각과 유리되는 현상이 일어나는데, 한참 플래시백을 겪고 있는 사람을 전문 지식 없이 깨우려고 했다가는 오히려 혼란만 가중시킬 수 있으니 주의해야 합니다.

심할 경우엔 환자가 환각과 현실을 구분하지 못하고 무의식적으로 주위 사람들을 공격하는 경우가 발생할 수도 있습니다. 예를 들어 전쟁 트라우마를 겪는 환자들에게서 이런 증세를 자주 찾아볼 수 있습니다. 격렬한 전투 당시에 느꼈던 압박감이 그대로 재현되면서 폭력적인 태도로 돌변하는 것입니다.

대부분의 HSP들은 예술적인 감성이 뛰어나서 섬세한 표현력을 드러내거나 특정한 예술 분야에 깊이 몰두하는 경향을 보입니다.

그런가 하면 남들의 눈에는 보이지 않는 작은 차이를 알아내 주변을 놀라게 하거나 특유의 고집으로 쉽게 격정에 빠지고, 완벽주의에 집착하거나 자기 자신에게 엄격하다는 특징도 있습니다. 미술이나 음악 분야에서 큰 족적을 남긴 예술가들의 생애를 다룬 전기 작품을 보면 상당수가 이런 특성을 보인다는 사실을 발견할 수 있습니다.

그밖에도 HSP는 창조성이 무척 풍부하지만 너무 공상적이라 현실을 제대로 파악하지 못하는 특성도 있습니다. 그들은 타인의 고통을 재빨리 감지해서 어떻게 풀어줘야 할지를 생각하는 동정심이나 배려심이 뛰어나 자원봉사 같은 일에 어울리지만, 스트레스를 받으면 쉽게 피로를 느껴 자신의 일에 지치고 마는 경향도 있습니다.

칼 융은 인간이 기본적으로 지니고 있는 '성적 욕구'를 뜻하는 '리비도(Libido)'가 자신의 내부로 향하는지, 아니면 외부로 향하는지에 따라 사람의 성격이 '내향형'과 '외향형'으로 분류

되는데 이는 태어날 때 이미 그 사람의 기질로 확정되어 있다고 했습니다.

융은 인간의 심리에는 사고, 감정, 감각, 직감의 네 가지 기능이 있다면서 여기에 내향형과 외향형을 더해 다음과 같이 분류했습니다.

외향 사고형	· 객관적 사실이나 보편적인 상식을 기본으로 여긴다. 타인에게 엄격한 편이다.
내향 사고형	· 객관적 사실보다 자신의 철학이나 판단을 중시한다. 완고한 면이 있다.
외향 감정형	· 자신의 감정대로 행동하며 제멋대로인 경우가 많다.
내향 감정형	· 조용하지만 가까이 다가가기 힘들다. 주위 사람들로부터 무슨 생각을 하는지 모르겠다는 말을 자주 듣는다.
외향 감각형	· 밖으로부터의 자극을 추구하고 그것을 즐긴다. 모험과 도전을 시작하는 데 거침없다.
내향 감각형	· 감수성이 풍부하다. 섬세함과 날카로움이라는 양극단의 성격을 동시에 가지고 있다.
외향 직감형	· 자신의 가능성을 믿고 줄기차게 추구하는 등 자신의 능력 향상에 관심이 많다.
내향 직감형	· 비현실적으로 자기만의 세계에 빠지고 싶어 하는 타입으로, 예술가 기질이 다분하다.

HSP는 무엇 때문에
민감하게 반응할까?

우리의 뇌에는 정보를 처리하는 두 가지 방법이 있습니다. 외부로부터 전달받은 정보를 감각기관의 최전선에 있는 '감각수용기'가 수신해서 뇌에서 처리한 후 신체 반응으로 표출하는 경로와, 이미 뇌에 있는 정보를 처리한 다음 의식으로 표출하는 경로가 있습니다. 감각수용기는 감각신경의 말단으로, 생명체 내·외부를 둘러싼 환경이 제공하는 자극에 반응하여 감각을 전달하는 역할을 합니다.

간단히 말해 대뇌피질을 거쳐 의식으로 흘러가는 '정확하지만 느린' 경로와 대뇌변연계를 거쳐 무의식적으로 반응하는 '엉성하지만 빠른' 경로가 있는 것입니다.

또한 인간의 뇌에는 타인의 행동을 보는 것만으로도 마치 자신이 그렇게 한 것처럼 반응하는 '거울 뉴런(Mirror Neuron)'이라는 신경세포가 있습니다. 이것은 1996년 이탈리아 파르마 대학의 지아코모 리촐라티(Giacomo Rizzolatti) 연구팀이 처음 제안한 이론으로 뇌에 있는 거울 뉴런이 감각기관을 통해 들어온 정보를 마치 거울처럼 비춘다는 내용입니다. 그는 이렇게 말했습니다.

"거울 뉴런 때문에 우리는 자신의 몸을 움직이지 않았는데도 타인의 행동과 감정을 마치 우리가 한 것처럼 공감하고 느낍니다."

우리가 자신의 사고나 감정을 스스로 인식하고 표출하기도 전에 이미 뇌로부터의 신경 활동을 통해 신체 기관이나 근육들이 반응을 시작한다는 얘기입니다.

게다가 놀랍게도, 우리가 의식적으로 아무 활동도 하지 않는 안정 상태에 있어도 의식적인 반응에 사용되는 뇌 활동의 에너지는 계속 활성화된다고 합니다.

이러한 현상은 우리의 일상생활에서 쉽게 찾을 수 있습니다. 예를 들어 '만지다'와 '만짐을 당하다'를 생각해 봅시다.

직접적으로 닿는 거리가 아니라 조금 떨어진 곳이라도 뇌는 나와 타인의 경계를 의식하고 몸의 외부만이 아니라 몸 내부에서도 그 사람의 존재를 느낄 수 있고, 그의 감정을 피부를 통해 느낄 수도 있습니다.

물리학의 '양자역학'이라는 이론에 따르면, 인간의 감각으로는 전혀 감지할 수 없는 극미한 세계에서도 에너지는 물질로서도, 그리고 에너지 그 자체로서도 상호 변환하여 존재 가능합니다. 때문에 아직 물질화되지 않은 에너지 또한 넘치도록 많다고 합니다.

그렇다면 상념이나 감정, 언어 등 눈에 보이지 않는 것들도 에너지가 있다는 뜻이 되는데, 인간의 뇌나 몸의 수용기관에서 감지된 것들이 대뇌피질을 거쳐 의식화되거나 대뇌변연계를 거쳐 몸으로 무의식적인 반응을 나타낸다고 생각해도 좋을 것입니다.

요컨대 인간의 뇌나 신체에는 오감으로는 느끼지 못하는 에너지가 있으며 몸의 내부에서 일어나는 자극에도 반응하는 시스템이 존재한다는 말로, 그 때문에 사람마다 체감하는 감수성이 다르다고 할 수 있습니다.

결론적으로, HSP에게는 보통 사람들이 사용하지 않는 수신 채널이 따로 존재하거나 다른 사람들이 사용하고 있는 채널보다 증폭 기능이 아주 큰 무엇이 있다고 볼 수 있습니다.

HSP의 특징

HSP에게 공통적으로 나타나는 특징에는 '감각 처리 과민증'이 있는데, 이는 달리 말해 신경이 너무 쉽게 날카롭게 곤두서는 현상을 말합니다.

이는 다양한 형태로 나타나는데, 어떤 감각에 어느 정도의 반응이 나타날지는 사람마다 다르고 감수성의 조절 방법에 따라서도 아주 다릅니다.

1. 주변의 모든 자극을 온몸으로 느낀다.

HSP는 감지 가능한 범위를 훨씬 넘어서 아주 멀리 떨어진 곳에 존재하는 자극에도 예민하게 반응합니다. 오감의 한계 내에 존재하거나 그 한계를 넘어서는 것, 인식할 수 있는 주파수나

그것을 뛰어넘는 것, 그리고 체외의 자극이나 체내의 신경 활동에도 반응합니다.

이렇듯이 HSP는 다른 사람들이 보기엔 아무것도 하지 않는 것 같지만 정작 당사자는 엄청나게 많은 신경 활동을 하기 때문에 필요 이상으로 에너지 소비가 많고, 그래서 아주 쉽게 피로해집니다.

2. 나를 지키는 울타리가 약하다.

경계선 바리케이드

사람은 누구나 '나와 남'을 구별하는 울타리를 가지고 살면서 자기만의 세계를 지켜나갑니다. 하지만 HSP들은 그 경계선이 몹시 애매해서 문제가 발생합니다.

그들은 상상도 할 수 없을 정도로 많은 사람들에게 온갖 종류의 감정을 느끼거나 인간관계의 진흙탕 싸움에 휘말려 곤란한 상황에 처하곤 합니다.

대부분의 사람들은 성장 과정에서 독자적인 경계선을 만드는 훈련을 하며, 이를 더욱 튼튼히 하면서 일생을 살아갑니다. 하지만 이런 노력을 하지 않거나 소홀히 하면 너무 쉽게 타인에게 침범당해 일상생활을 해나가는 것조차 힘들어집니다.

방법은 하나입니다. 필요 이상의 자극을 받지 않도록 적극적으로 차단막을 치고, 자기를 둘러싼 울타리를 강력하게 구축하는 노력이 필요합니다.

3. 너무 쉽게 피로감을 느낀다.

항상 주위 사람들에 신경 쓰다 보니 자기도 모르는 사이에 완전히 진이 빠지는 것도 HSP의 특징입니다. 낯선 사람들에 둘러싸이면 보통 사람도 그럴 수 있지만, HSP는 익숙한 생활 환경에도 신경이 칼끝처럼 날카로워져서 제풀에 피로를 느낍니다.

이 때문에 신체 리듬이 깨지고 갈피를 잡을 수 없는 생각들이 머릿속을 어지럽혀 두통과 어지럼증을 달고 살아갑니다. 심할 경우엔 즐겁게 놀고 나서도 신경의 흥분과 피로 때문에 컨디션이 급속히 나빠질 때도 있습니다.

4. 주위 사람들로부터 너무 쉽게 영향을 받는다.

HSP는 우뇌 기능이 뛰어나서 신체의 여러 감각들이 서로 협동해서 활성화하는 작용이 매우 강하게 일어납니다. 이를 두고 공감력이 뛰어나다고 말합니다.

상대방의 표정이나 목소리 톤, 몸짓 등에 무의식적으로 반응해서 상대에게 동조하는 동조성도 높은데, 그만큼 주위 사람들의 반응에 쉽게 영향을 받는 단점이 있다는 얘기입니다. 하지만 이러한 태생적인 예민함 덕분에 상대의 고민을 듣기도 전에 그의 내면을 꿰뚫어볼 수 있어 타인에게 쉽게 다가갈 수 있다는 장점도 있습니다.

5. 모든 문제를 자기탓으로 돌린다.

HSP는 새로운 자극을 받아들이는 '모험 시스템'보다 과거를 돌아보고 그와 비슷한 자극이 다시 일어날 미래의 일을 회피하는 '주의 시스템'의 움직임이 매우 강하게 나타납니다.

그래서 자신을 괴롭히는 스트레스가 발생했을 때 그것을 반사해 내지 못하고 분노, 슬픔, 좌절, 공포의 감정에 쉽게 빠지고, 부정적인 감정들에 둘러싸여 지냅니다.

이렇게 모든 문제를 자기 탓으로 돌리는 습성이 생기면 마음속에 쌓인 분노가 타인을 향한 공격성으로 나타나기 때문에 인간관계에 무척 서툰 모습을 보이는 것입니다.

6. 예감이나 직감이 강하다.

HSP는 누구에게 배운 것도 아니면서 미래에 대한 예지력이 뛰어나고, 사물의 본질을 꿰뚫거나 주변의 분위기를 금세 파악해

내는 능력이 뛰어납니다. 초능력과 같은 감성이나 능력을 가졌기에 조금 심한 경우에는 영적인 체험을 하는 사람도 있습니다. 우리가 어떤 결정을 할 때는 현실로부터 판단 재료들을 모은 뒤에 이를 잘 버무려서 결론을 내는데 HSP는 직감적으로 많은 정보를 얻다 보니 생각할 시간이 부족한데도 바로 결론을 내립니다.

이런 사람들은 평범함을 추구하지 않으면 도리어 만성적으로 신경의 안테나가 하늘을 향해 곤두선 상태가 되어 극도의 피곤함을 느끼며 살게 됩니다. 애써 의식하지도 않는데 주변의 작은 변화들이 모조리 눈에 들어오고, 미세한 움직임에도 일일이 반응하게 되는 상황이다 보니 쉽게 지쳐버립니다.

HSP와 HSS

HSP가 몹시 섬세하고 자극에 취약하다는 사실을 충분히 이해했을 것입니다. 그리고 그런 특징이 결코 질병이 아니며, 단지 타고난 기질의 하나라는 것도 이해했을 것입니다. 그런데 세상에는 이와는 다르게 더 많은 자극을 원하는 기질을 가진 사람도 있습니다.

미국의 심리학자 마빈 주커만(Marvin Zuckerman)은 이들을 'HSS(High Sensation Seeking)'라 불렀습니다. 이들은 새롭고 격렬한 자극을 맛보는 걸 즐기며, 그러한 체험을 위해서라면 어떤 위험도 마다하지 않는 성향을 보입니다.

이따금 텔레비전 화면에 등장하는 모험가들의 이야기가 여기에 해당합니다. 100층짜리 고층 건물의 외벽을 밧줄 하나에 의지해서 타고 오르는 사람이 있는가 하면, 까마득한 절벽 위에서 바다를 향해 번지 점프를 하는 사람도 있습니다.

이들은 하나같이 목숨을 건 모험에 행복감을 느끼는데, 이 역시 유전적인 기질입니다. 이들의 DNA 속에는 목숨을 걸고서라도 도전하게 만드는 무엇이 숨어 있다는 얘기입니다.

HSP 전체의 약 30퍼센트는 HSP와 HSS가 혼합된 유형이라고 합니다. 이들은 겉으로 보면 모험적이고 호기심 강한 사람처럼 보이지만 사실은 이들 역시 자극을 받으면 쉽게 피로를 느끼는 HSP다운 면모를 가지고 있습니다.

밖에서는 무척이나 활발하게 행동해도 집에 돌아오면 완전히 다른 사람이라도 된 듯이 조용해지거나 내향적인 생활을 즐기는 사람이라면 HSP와 HSS의 기질을 동시에 가지고 있을 가능성이 높습니다.

HSS의 특징은 연애를 할 때 잘 드러납니다. 주커만 박사에 의하면 HSS는 연애 관계에서 가볍고 향락적이며, 화려한 연애 편력을 자랑하는 사람들이 많다고 합니다. 연애를 하면 다양한 자극을 받을 수 있고, 새로운 연인을 만날 때마다 가슴이 두근거리는 상황을 체험할 수 있기 때문입니다.

그러니 주변에 연애 경험이 많다고 자랑하는 사람이 있으면 그저 부러워할 일이 아닙니다. 이성에 대해 자극을 원하는 마음이 점점 커지고 거기에 함몰되면 자신의 현재 상태를 냉정히 돌아볼 수 없어 심각한 부작용이 생길 수 있습니다.

HSP가 속 편하게
살기 위해서는

HSP는 섬세하면서 양심적이고 친절한 반면에 책임감이 지나치게 강합니다. 그래서 나보다 주위 사람을 먼저 생각하는 경향이 있고, 무슨 일을 해도 강하게 밀어붙이지 못하고 혼자 감당하려다 일이 잘못되거나 더디게 진행되는 경우가 많습니다.

문제는, 그때마다 심하게 자책에 빠진다는 것입니다. 그들은 다른 사람의 처지를 먼저 생각한다는 식으로 말하지만 진짜 속내는 다를 수 있습니다.

그런 태도는 스스로 무엇을 어떻게 하고 싶다는 마음을 억누르고 거짓된 모습으로 스스로를 위안하며 살다 보니 진심이 무엇인지 잃어버려서 나타나는 현상일 수 있습니다.

인간은 스스로가 마음대로 지어낸 상념이나 어려서부터 양육자에게 귀에 딱지가 생기도록 들어 깊이깊이 새겨진 필터를 통해 자기만의 방식으로 사물을 보는 습성이 있습니다. 그러다 보니 눈앞에 존재하는 상황들, 즉 자기 마음의 투영이나 자기가 만들어낸 것들밖에 경험할 수 없는 것입니다.

지금 당신 앞에 놓인 상황의 원인은 외부가 아니라 자신의 내부에서 비롯된 개연성일 가능성이 아주 높습니다. 그렇더라도 끝없이 자기 탓을 하며 고민에 빠지거나 주위 사람들에게 이해받기를 원해서는 결코 행복해질 수 없습니다.

대신 자신만의 삶의 패턴을 알아차려 슬픔이나 두려움, 분노의 감정 안에 숨어 있는 마음의 소리를 제때에 적절하게 표출하는 습관을 갖는다면 매사에 예민하더라도 마음 편히 살아갈 수 있을 것입니다.

HSP가 속 편히 살기 위한 3가지 조건

 자신을 지키기 위한 대응법을 익힌다.

 스스로를 인정할 수 있는 마음가짐을 갖거나 각오를 다진다.

 자신이 무엇에 예민한지를 알아낸다.

스스로를 인정하고,
용서하고, 받아들여라

우리는 살면서 자신을 똑바로 바라보고 파악하면서 더 나은 미래를 향해 계속 변화해 나갑니다. 하지만 이렇게 간단히 말할 수 있는 것을 제대로 하지 못하니 문제가 생깁니다.

간절히 변화를 바라지만 그러지 못하는 가장 큰 이유는 마음속의 부정적인 감정이 방해하기 때문입니다. 감정은 이성과는 다르기 때문에 억누르거나, 방치하거나, 쌓아두거나 하면 손을 쓸 수 없을 정도로 복잡해져서 마음속에서 제멋대로 작동하게 됩니다.

감정은 억누를수록 폭력적으로 변하는데, 이런 상태를 무조건 두려워하지만 말고 당당하게 마주해서 왜 그런지 파악한 뒤에 순순히 받아들이면 자연스럽게 진정됩니다.

간절히 바라던 일이 뜻대로 되지 않았다면, 그것은 그것대로 다독거리면서 현재 상황을 이해하고 인정하며 다음을 기약하면 되는 것입니다.

세상에 도움을 주는 사람이 되려고 애써 노력하거나, 자신의 약점을 감추려고 힘든 상황을 악착같이 참거나, 외부와 소통할

경계선 바리케이드

문을 닫아버리면 마음은 그때부터 비명을 질러댑니다.

원치 않는 상황에 놓이게 되더라도 폭발하듯이 격해지는 감정에 휘말리지 말고 '노력하지 않아도 된다', '참지 않아도 된다', '그냥 이대로도 괜찮다'고 말하면서 현재의 약한 자신을 인정하고, 용서하고, 받아들이기 바랍니다.

자기 자신을 있는 그대로 수용하고 승인하는 태도가 가장 중요합니다. 여기에 자신의 약점이나 창피한 부분을 똑 부러지게 떨쳐내는 용기가 뒤따른다면 더욱 좋습니다.

어렸을 때부터 뇌리에 깊숙하게 각인된 말들이 지금의 당신을 규정하게 만들어서도 안 됩니다. '넌 못났어', '넌 이 일에 어울리지 않아', '넌 할 수 없어' 같은 말이 마음속에 울려 퍼지면 그때마다 '나는 절대 그런 사람이 아니야!'라고 소리쳐야 합니다.

'새로운 나'로 다시 태어나려면, 다시 말해서 몸에 익은 일상에서 벗어나 다음 무대로 옮겨가기 위해서는 지금까지 익숙했던 것들, 이미 손에 넣은 것들, 그리고 숨겨뒀던 것들을 과감히 놓아버리고 새로운 각오로 살아갈 결단을 해야 합니다.

그렇게 하는 데는 무엇보다 용기가 필요합니다. 변화를 간절히 원하면서도 '그럴 수 있을까……' 하며 망설이는 동안에 병에 걸리거나 엉뚱한 일이 생겨 시도조차 못한 채 '강제 종료' 당할 수도 있습니다.

스스로를 행복하고 편하게 만들려는 마음을 먹어야 합니다. 당신은 그렇게 할 수 있고, 반드시 그렇게 해야 합니다.

마음속 그늘을 받아들이면
편하게 살 수 있다

HSP의 주창자인 일레인 아론 박사가 칼 융의 심리학을 통해 유난히 민감한 사람들의 애로 사항과 해결 방안을 깨달았듯이, 이 책 또한 임상 실험과 칼 융의 심리학을 바탕으로 성격 분류를 하면서 사람들의 성격을 파악하고자 합니다.

칼 융은 한 인간의 내면에는 여러 측면이 있는데 그 사람의 본래 모습은 환경이나 성장 배경의 조건으로 억제되거나 확대되는 경우가 많다고 했습니다.

사람은 자신이 속한 세상에 적응해 가며 살아야 하기 때문에 본래의 성격 이외에 세상의 흐름에 자신을 맞추려는 의미에서 '사회적 성격'이라는 것을 만들어갑니다.

여기에 어린 시절 부모를 비롯한 양육자들로부터 '이렇게 해야만 한다'며 가르침 받은 삶의 방식과 어릴 때 다양한 경험을 통해 생긴 '이렇게 되고 싶다'는 희망사항에 따라 연기하며 살아온 모습을 자기 자신이라고 여기는 경우가 있습니다.

본래의 자신이 원하는 것, 즉 '이렇게 하고 싶다, 저렇게 되고 싶다'고 생각하는 마음의 소망을 잊어버리고 세상이 평균적으로 요구하는 행복이 정답이라고 여기며 살다 보면 어느 시점에 이르러서는 괴로움에 압도되고 말 것입니다.

그렇기에 자기다운 삶을 손에 넣기 위해서는 겉으로 보이는 행복감에 속지 말고 먼저 본래의 자기 모습을 정확하게 파악하는 일이 필요합니다.

물론 마음속 진심과 마주하는 일은 정말로 힘든 작업입니다. 그것은 자기 안에 오랫동안 가둬두었던, 그리고 다른 사람들에게는 절대 보이고 싶지 않았던, 누구도 건드려서는 안 되는 마음의 상처와 관련이 있기 때문입니다.

상대하기 불편한 사람에게 나의 어두운 면이 투영된다.

사회생활을 하다 보면 특별한 이유 없이 누군가에게 불쾌감을 느끼거나 왈칵 짜증이 나는 경우가 있습니다. 그 이유는 내 안에 도사리고 있는 '이렇게 되고 싶지 않다'며 강제로 억누르고 있는 부분을 그를 통해 발견했기 때문입니다.

예를 들어 낯가림이 심하고 소극적인 HSP가 '이런 내가 너무 싫다'는 생각이 들면 조금 무리를 해서라도 남들에게 사교적으로 보이는 행동을 합니다.

바로 그때 눈앞에 내가 애써 감추고 있는 부분을 드러내는 사람이 보이면 갑자기 짜증이 차오르며 '조금 밝게 행동할 수 없어?' 하는 생각이 마음에 번지게 됩니다. 그냥 무시하고 외면해 버리면 되는데도 그 사람과 비슷한 나의 '어두운 면'이 자꾸만 신경 쓰이며 기분이 부정적인 방향으로 치닫게 되는 것입니다. 더 심한 경우에는, 이런 어두운 면이 과도하게 폭주해서 상대에게 상처가 되는 말이나 행동을 거침없이 할 수도 있습니다.

하지만 이내 마음에도 없는 말이나 행동을 한 자신을 추궁하면서 자책의 늪에 빠지게 되고, 자신의 내면에 도사린 어두운 면을 더욱 억누르려고 합니다. 이때 다시 마음이 더욱 무거워지는 악순환이 반복되는 것입니다.

즉, 자신 안에 도사리고 있는 어두운 면을 무조건 부정할 게 아니라 마음에 들지 않는 부분도 순순히 인정하면서 받아들이는 태도야말로 곧 편안한 삶이 되는 길이라는 뜻입니다.

많은 사람들이 자신에게 적대적인 태도를 취하거나 반감을 느끼면서 자신의 못난 부분을 질책하기 때문에 더 깊은 수렁에 빠집니다.

당신의 인생은 오롯이 당신이 주인입니다. 이 세상 그 누구보다 당신이 더 친절하게 대해 줘야 합니다. 힘들고 고단할 때일수록 자신을 더 따뜻이 보듬어주는 손길이 필요합니다.

곤란에 직면해 자기 자신이 망가지면,
자아는 지금에서 벗어나려고 '반전'을 시도합니다.
반전의 가장 쉬운 방법은
상대방을 치켜세우는 것입니다.
하지만 이것이 반복되면
자기 비하로 빠져들 수 있습니다.
시간이 지나면 모든 건 하나의 에피소드에
지나지 않는다는 것을 항상 기억하세요.

HSP 셀프체크 리스트

당신이 HSP인지 아닌지 여부를 판단하기 위한 '셀프체크 리스트'를 소개합니다. 다음 25개 항목 중 자신에게 해당하는 것들을 체크해 보십시오.

체크한 항목의 수가 많을수록 HSP 기질일 가능성이 높습니다. 만약 한두 개밖에 해당되지 않더라도 안심할 수는 없습니다. 그 부분이 극단적으로 강하다면 HSP일 가능성이 높기 때문입니다. 구체적인 대응책이나 마음가짐은 다음 장에서 설명하니 해당되는 항목을 확인하기 바랍니다.

☐ 1. 항상 자책하거나 자신을 부정한다. → 〈Case 01〉

☐ 2. 작은 소리에도 신경이 거슬릴 때가 많다. → 〈Case 03〉

☐ 3. 항상 움찔거리거나 금방 초조해진다. → 〈Case 05〉

☐ 4. 걱정거리가 생기면 헤어나지 못한다. → 〈Case 07〉

☐ 5. 방을 깨끗하게 정리하지 못한다. → 〈Case 09〉

☐ 6. 분노를 제대로 조절할 수 없다. → 〈Case 11〉

☐ 7. 나보다 타인의 결정에 따를 때가 많다. → 〈Case 12〉

☐ 8. 문득 과거의 나쁜 기억이 떠오를 때가 많다. → 〈Case 13〉

☐ 9. 누군가 나를 감시하거나 욕하고 있는 듯하다. → 〈Case 14〉

□ 10. 다른 사람에게는 보이지 않는데 나에게만 보인다. → 〈Case 16〉

□ 11. 주위 사람들에게 쉽게 진심을 털어놓지 못한다. → 〈Case 17〉

□ 12. 사람들이 많이 모인 장소나 술자리가 어색하다. → 〈Case 18〉

□ 13. 남들이 원하는 대로 하다 보니 항상 피곤하다. → 〈Case 20〉

□ 14. 남들의 감정에 따라 감정이 좌우될 때가 많다. → 〈Case 22〉

□ 15. 금방 누군가를 좋아하게 되거나 의존한다. → 〈Case 25〉

□ 16. 어렸을 때부터 부모에게 지배당하고 있는 듯하다. → 〈Case 27〉

□ 17. 두 가지 이상의 일을 동시에 진행할 수 없다. → 〈Case 30〉

□ 18. 갑작스럽게 예정이 변경되면 혼란스러워진다. → 〈Case 31〉

□ 19. 누가 갑자기 내 이름을 부르면 화들짝 놀란다. → 〈Case 32〉

□ 20. 별것 아닌 실수에도 심하게 동요한다. → 〈Case 34〉

□ 21. 누가 내게 화를 내거나 문제가 생기면 침울해진다. → 〈Case 40〉

□ 22. 하찮은 대화나 잡담이 부담스럽다. → 〈Case 41〉

□ 23. 지적을 받으면 완전히 부정당한 것 같다. → 〈Case 42〉

□ 24. 전자파나 화학조미료가 너무 신경 쓰인다. → 〈Case 44〉

□ 25. 밤에 뭔가 불편해서 숙면을 취할 수 없다. → 〈Case 46〉

HSP와 뇌

HSP의 특징인 '쉽게 피로를 느낀다', '두 가지 이상의 일을 동시에 수행하는 게 서툴다' 같은 현상들은 뇌의 피로가 주요 원인입니다.

피로감을 인식하는 시스템은 뇌에 있는 '전방 대상회피질 (Anterior Cingulate Cortex)'과 관련이 있습니다. 이 부위는 이성과 감정을 연결하거나 중계하는 곳으로 자율신경이 고통을 감지하면 몸이 거기에 반응하도록 하는 역할을 합니다.

HSP는 인간관계나 감각에 부하가 걸려서 만성 스트레스를 겪게 되면 전방 대상회피질의 활성화가 억제되고 저하됩니다. 그러면 즉시 피로감이 발생하게 되고, 여기에 자율신경의 움직임이 뒤섞여서 고통을 쉽게 느끼게 됩니다.

따라서 HSP는 뇌에 가해지는 피로감을 줄이기 위해서라도 머릿속에 떠도는 복잡한 사고나 감정을 스스로 다독이는 법을 알아야 합니다.

취미 활동을 통해 자기의 감정을 제어하는 방법을 익힐 필요도 있습니다.

제 **2** 장

너무 예민한 나,
어떻게 하면 좋을까?

제1장에서는 HSP의 기질에 대해 알아봤습니다. 그들의 예민함은 유별난 면이 있지만, 적절히 조절하면 어렵지 않게 살아갈 수 있다는 사실을 알았을 것입니다.

이때 잊지 말아야 할 대처법 두 가지가 있습니다. 첫 번째는 하루하루를 편하게 살기 위해 스스로 철저히 준비하는 것이고, 두 번째는 무엇을 하든 금방 피곤함을 느끼는 자신을 스스로 보살피는 '셀프케어'에 매진하는 것입니다.

첫 번째 대처법인 '준비'는 예민함을 느낄 만한 일을 자진해서 피하는 걸 가리킵니다. 스스로 편안한 환경을 마련하는 한편, 주위 사람들이 HSP의 기질을 이해하고 받아들일 수 있도록 여건을 조성하는 것입니다.

두 번째 단계는 '셀프케어'입니다. 자극을 선제적으로 차단했다 해도 도저히 피할 수 없는 부정적인 감정에 젖어들거나 피할 수 없는 불쾌한 자리에 초대받는 일이 분명히 있을 것입니다. 이때 자기 자신을 소중히 여기며 위로하는 과정이 셀프케어이니 이번 장에서 제시하는 셀프케어 방법들을 실천해 보기 바랍니다.

'어차피 나는 쓸모없는 인간' 이라며 자책하고 부정한다

HSP는 잘못이 생기면 모든 게 자기 탓이라며 자책에 빠지는 습성이 있습니다. 다른 사람을 우선적으로 생각해야 한다는 의무감이나 책임감이 강하다 보니 무슨 일이 생기면 분명히 다른 사람에게 문제가 있음에도 자신이 나빴다며 질책을 합니다.

게다가 HSP는 다른 사람들이 표출하는 감정에 너무 깊이 공감하다 보니 그들의 고민이나 원망, 비관 같은 마이너스 감정에 쉽게 영향을 받습니다.

그뿐만 아니라 주위 사람들이 무슨 문제로 고민에 빠져 있으면 그것을 해결할 책임이 자기에게 있다며 신경을 곤두세우곤 합니다. 더욱이 그때마다 일이 제대로 안 풀리면 자책감이나 죄악감, 무력감이 최대치로 올라가고, 동시에 자기 평가가 한없이 낮아지면서 스스로를 형편없는 존재로 여기게 됩니다.

이런 때는 문제점으로부터 최대한 멀찌감치 벗어나서 과거의 좋은 경험을 통해 더 나은 자신을 이미지화해서 바라보아야 합니다. 또한 옳고 그름이나 선하고 악하다는 식으로 판단하지 말고 어떤 생각이나 행동이 필요했음을, 그럴 수밖에 없었음을 인정하는 자세가 필요합니다.

문제의 한복판에서 스스로에게 채찍질하는 습관은 전혀 도움이 되지 않습니다. '어차피 나 같은 존재는……'이라는 생각이 들 때는 당장 자책을 멈추고 '자신감은 없지만, 그렇다고 희망마저 없는 존재는 아니다!'라고 외칩시다.

있는 그대로의 자신을 순순히 받아들이는 태도만으로도 자신을 긍정하는 사람으로 변할 수 있습니다. 당신에게 제일 좋은 친구는 바로 당신입니다.

셀프케어 매뉴얼

- 문제의 한복판에서 잠시 떨어져서 스스로를 바라본다.
- 좋고 나쁨의 기준으로 사물을 판단하지 않는다.
- 괜찮다고 스스로를 다독이고, 있는 그대로의 현실을 인정한다.

항상 신경과민과 부정적인
사고 습관에 젖어 있다

친구나 가족들로부터 "너는 뭘 그렇게 항상 신경을 쓰니?", "너는 너무 부정적으로 생각하는 습관이 있어!"라는 말을 들어본 적이 있습니까?

HSP는 불안이나 공포에 사로잡히면 자신의 생각을 좀처럼 바꾸지 못하고 부정적인 사고 습관에 매어 지내는 특징이 있습니다. 고민과 걱정에 사로잡힌 일상에서 좀처럼 헤어나지 못하는 것입니다.

사실 작은 문제에 신경을 쓴다든지 무슨 일이든 진지하게 생각하는 습관은 매우 중요합니다. 그러나 불안감이나 두려움이 너무 강하다 보니 항상 소심한 환경에 놓인 채 자책에 빠지거나 후회하는 일상을 보낸다면 결코 행복한 모습이 아닐 것입니다.

이럴 때는 자신을 살짝 꾸짖어 보는 것도 좋은 방법입니다. 오랫동안 끙끙거리며 우울감에 빠지는 것은 신경계를 소모시켜 심한 피로감을 줄 뿐이니 이렇게 말해 보십시오.

"또 이러는구나! 그게 좋지 않은 습관이라는 걸 잘 알잖아, 그러니 이제 그만!"

HSP는 사물이나 인간에 대해 냉정하고 객관적으로 바라보는 일에 서툽니다. 그러니 또 실수했다며 끙끙 앓을 일이 생겼다면 즉시 제3자의 눈으로 실수를 저지른 그 일을 바라봅시다.

그러다 보면 자기 탓이라고 여겼던 일이 사실은 누구라도 실패할 수 있고, 나는 민감하게 받아들이는 일을 다른 사람들은 대수롭지 않게 받아들인다는 사실을 알 수도 있습니다.

 셀프케어 매뉴얼

- 내가 좋아하는 일을 하며 긍정적인 감정을 만든다.
- 실수가 생각날 때마다 가슴을 쭉 펴고 웃어본다.
- 습관처럼 항상 '괜찮다'며 자신에게 위로의 말을 건넨다.

보이지 않는 자기 자신을 아는
4가지 방법

사람은 성격이나 능력, 용모 등 자기 자신의 모든 것에 대해서 자신만의 이미지를 갖고 있습니다. 잠재의식은 그에 따라서 행동하도록 되어 있습니다. 하지만 그것이 항상 올바르다고는 할 수 없습니다. 자신이 생각하는 이미지는 자신의 본연이 아니라, 자기 이미지를 착각하거나 타인에게 주입받아서 성립된 것일지 모릅니다.

1 자기 자신을 객관적으로 바라본다.

지능검사나 심리검사, 에고 프로그램, 에니어그램* 같은 각종 셀프체크를 병원이나 클리닉, 혹은 책이나 인터넷 등에서 받아본 적이 있을 것입니다. 인간의 능력이나 성격을 객관적으로 평가할 수 있으니, 자신만의 장단점을 발견해 보도록 합시다.

2 타인의 의견을 들어본다.

스스로 당연하다고 여기기 때문에 알아차리지 못했던 특징이나 버릇, 사고 패턴 등이 주변 사람들에게 어떻게 보이고 있는지를 구체적으로 물어보는 것도 좋습니다.

3 자신이 싫어하는 사람들의 모습을 바라본다.

스스로 보지 않으려고 숨겨놓았던 부정적인 부분이나 과거에 느꼈던 감정들은 보통 다른 사람에게 투영되는데, 그것이 자신의 부정적인 부분이라고는 생각하지 못하고 다른 사람에게 혐오를 느낀다거나 짜증을 냅니다. 그럴 때마다 지금의 상황이 자신의 거울이자, 자신의 숨겨졌던 부분을 비추고 있다고 생각하면 감정이 가라앉을 수 있습니다.

4 부모님과의 관계를 생각한다.

자기 자신의 과거를 돌아보고, 부모님이 자신을 어떻게 길러줬는지, 부모님께 어떤 영향을 받았는지를 긍정적인 것 위주로 생각하면서 하나하나 써봅시다. 자신이 얼마나 긍정적인 사람인지를 알게 될 것입니다.

---

* 에니어그램(Enneagram)은 사람들이 느끼고 생각하는 행동 유형을 9가지로 분류한 행동과학적 용어이다. 그리스어 '아홉(ennea)'이란 단어와 '모형(gram)'이란 단어의 조합으로 기원전 2500년 경부터 중동아시아에서 유래한 고대의 지혜로 알려져 있다.

CASE
03
작은 소음이 너무 신경 쓰여 일에 집중할 수가 없다

HSP는 주변에서 들려오는 잡음이나 작은 소음에도 신경을 곤두세우며 짜증을 내는 경우가 많습니다. 시계 바늘이 재깍거리며 움직이는 소리, 사람들의 발자국 소리, 카페에서 의자가 덜그럭거리는 소리, 저만치 떨어진 곳에 있는 사람들의 대화 소리까지 온갖 소리가 너무 신경 쓰여 집중할 수가 없습니다.

HSP는 보통 사람보다 청각이 훨씬 예민해서 사방에서 들리는 소리의 자극을 몹시 강하게 받아들이는데, 그만큼 스트레스 반응 또한 커지는 부작용이 있어 문제입니다.

무의식적으로 작은 소리에 크게 반응하거나 높은 주파수의 소리가 불쾌하게 느껴지는 경향이 있기 때문에 자신도 모르는 사이에 청각의 수용 능력을 넘기는 상황으로 치달을 수 있습니다.

그렇게 되면 심한 경우 정신적인 문제로까지 이어질 수 있으니, 잠시 소음으로부터 벗어나기 바랍니다. 소음을 차단할 수 있도록 이어폰을 사용해서 음악을 듣거나, 조용한 곳에서 휴식을 취하며 마음의 안정을 찾거나, 취미 활동에 집중한다면 스트레스 해소에 도움이 될 것입니다.

당신이 이런 경우라면 소음이 많은 도시의 삶보다는 조용한 전원생활이 정신 건강에 도움이 될 것입니다. 직장생활을 하면서 번잡한 인간관계에 얽히기보다는 농업이나 자영업처럼 혼자 할 수 있는 일을 하면서 단출한 일상을 유지하는 것도 하나의 방법입니다.

셀프케어 매뉴얼

- 이어폰이나 귀마개 등 소음을 차단할 수 있는 소품을 찾아본다.
- 라디오나 BGM을 틀어놓고 잡음을 차단한다.
- 조용한 곳에서 휴식을 취한다.

04 지나치게 노력하는 편이어서
항상 피곤함을 느낀다

HSP는 자극을 받지 않을까 하는 노파심으로 늘 정신을 바짝 차리고 있기 때문에 쉽게 피곤한 상태가 됩니다.

이들은 태내에 있을 때부터 어떤 계기로 공포에 대해 반사적으로 반응하는 습성이 생겨 쉽게 몸이 굳어버리는 기질입니다.

자신의 피로감을 알아차리지 못한 채 무리해서 일하는 사람들은 대부분 이런 이유로 힘들어합니다. 그들은 결국 지쳐 쓰러질 정도가 되어서야 한계를 넘어버렸다는 사실을 깨닫습니다. 하지만 이미 손을 쓸 수 없을 정도로 늦은 경우가 많습니다.

이렇게 HSP가 항상 안고 사는 피로감이나 나른함은 보통 사람들의 눈에는 이해되지 않는 게 사실입니다. 그 때문에 HSP에게는 나약하고 태만한 인간이라는 딱지가 붙기 쉽습니다. 문제는, HSP가 주위 사람들의 이러한 인식을 날카롭게 감지해낼 수 있기 때문에 오히려 거기에 영향을 받아서 더욱 자책의 늪에 빠진다는 것입니다.

HSP 중에는 신체적 감각이 너무 예민해서, 어지러움, 구토, 나른함, 경직 등을 심하게 느끼는 사람이 많습니다. 만약 스스로 피곤함을 알아차리기 힘든 타입이라 생각된다면 육체적으로 느껴지는 피로감이 없더라도 정기적으로 휴식을 취하는 습관을 갖는 게 좋습니다. 무엇보다도 더 힘을 내자고 다짐하는 그 지점에서 일단 멈추는 것이 중요합니다.

 셀프케어 매뉴얼

- 잠깐이라도 혼자 있는 시간이나 공간을 확보한다.
- 추가 업무를 피하고 휴식 시간이나 휴일을 최대한 즐긴다.
- 피로 회복에 도움이 될 만한 음식이나 영양제를 섭취한다.

05 별것 아닌 일에도 너무 긴장해서 패닉 상태에 빠지곤 한다

동물의 세계에서 위험을 느낄 때 방어적으로 나타나는 반응에 는 '싸움, 도망, 움츠림, 죽은 척', 이 네 가지 경우가 있다고 합니다. 인간도 예외가 아닙니다.

공포감 때문에 몸이 움츠러들어 꼼짝할 수 없는 상황에 처하면, 스트레스 호르몬인 코르티솔(Cortisol, 외부의 스트레스와 같은 자극에 반응해 분비되는 물질)과 아드레날린(Adrenaline, 교감신경에서 분비되어 근육에 자극을 전달하는 물질)이 방출되어 자극에 과민하게 반응하는 '과각성(Hyperarousal)' 상태에 빠집니다.

이 과정에서 교감신경이 흥분하면 심장 박동 수가 증가하고 근육의 세동맥(Arterlols, 대동맥에서 갈라져 나온 동맥이 온몸으로 퍼지며 가느다랗게 갈라진 것. 더 가늘게 퍼진 것이 모세혈관이다)이 확장됩니다. 반면, 소화관과 피부의 세동맥은 수축하며 혈압이 상승합니다. 그에 따라 피부나 위장관의 혈액이 뇌, 심장, 근육에 집중되면서 항문과 방광의 수축이 일어나거나 땀이 평균 이상으로 분비되는 부작용이 발생합니다.

이런 상황에서, 부교감신경까지 흥분하면 부작용은 더욱 심각해집니다. 부교감신경에 문제가 생기면 기억을 관장하는 뇌의 해마 기능이 정지되고, 의식이 돌아온 후에는 그때까지와 전혀 다른 극심한 전투 반응을 드러냅니다.

뇌의 정보 처리가 과잉으로 처리되기 쉬운 면이 있기 때문에 일부러라도 머리를 쉬게 만드는 작업이 필요합니다.

셀프케어 매뉴얼

- 우선 자신이 패닉 상태임을 이해한다.
- 무서워하지 말고 침착하게 패닉 상태가 진정되기를 기다린다.
- 괜찮다고 중얼거리며 스스로에게 계속 말을 건다.

06 타인의 영향을 쉽게 받아 나 자신은 텅 빈 느낌이 된다

대부분의 사람들이 '너는 너, 나는 나'라는 식으로 타인과 자기를 구별하는 경계선을 두고 적당한 거리감을 유지합니다.

　HSP들은 예외적으로 타인과의 경계선이 몹시 모호한데, 그렇기 때문에 주위 사람들이 말을 하지 않아도 기쁨이나 슬픔 같은 기분을 감지해서 그들의 감정에 쉽게 공감합니다.

일부 HSP들은 그런 수준을 넘어서 다른 사람들의 요구나 부탁에 자기희생까지 하며 응하는 경우도 있습니다. 심리학에서는 이를 '과잉동조성'이라고 부르는데, 이것은 공감력과 비슷하지만 무의식적으로 일어난다는 점에서 아주 다릅니다.

공감력은 사람들의 기분이나 감정에 공감하는 것이지만 과잉동조성은 자신에게 타인의 감정이 제멋대로 흘러 들어오는 상태를 말합니다. 과잉동조성의 내면에는 다른 사람들에 대한 불안감이나 긴장감, 그들에게 미움을 받지 않을까 하는 두려움이 존재해서 학대나 괴롭힘, 과도한 간섭을 감내하면서까지 상대방에게 맞추고자 하는 경향이 나타납니다.

과잉동조성은 타인과 나 사이의 경계선이 옅어질 때 생기는데, 심리학자들은 이런 현상이 어렸을 때부터 부모의 말에 순종하면서 자아를 드러내는 방법을 모른 채 성장한 경우에 생기기 쉽다고 합니다.

그러니 자신의 경계선을 지키기 위해 본연의 모습을 부정하지 말고 당당히 마주해 봅시다.

셀프케어 매뉴얼

- 자신의 진심을 일기처럼 기록하는 습관을 갖는다.
- 자기 안의 부정적인 감정을 외면하지 않는다.
- 무엇을, 왜 원하는지를 다른 사람에게 정확하게 전달한다.

'액티브 레스트'로
긴장감을 푼다

'액티브 레스트(Active Rest)'라는 말을 들어본 적이 있습니까? 직역하면 '적극적 휴식'인데, 평소에 사용하고 있는 뇌나 신체의 활동을 완전하게 쉬도록 만드는 것이 아니라, 적당한 활동을 하며 피로를 회복시키는 방법입니다.

수면은 뇌나 몸을 휴식시키는 데 있어서 가장 효과적인 수단이지만, 잠들지 않고도 피로를 회복하고 휴식을 취할 수 있는 효과적인 방법이 있습니다. 뇌나 몸은 의식적으로 많이 사용할지, 정도를 줄여서 사용할지를 정한 뒤, 적극적으로 휴식을 취할 수 있습니다. 즉, 모든 활동을 한꺼번에 쉬게 할 필요가 없다는 말입니다.

뇌나 몸, 어느 쪽이든 과하게 활동함으로써 피로한 부분을 효율적으로 쉬게 만들 '액티브 레스트'에는 다음과 같이 4가지 방법이 있습니다.

1 피지컬 레스트(Physical Rest, 육체에 의식을 집중하는 휴식)
호흡법이나 요가, 족욕이나 반신욕 등이 있습니다.

2 멘탈 레스트(Mental Rest, 정신에 의식을 집중하는 휴식)
하나의 것에만 의식을 집중시키는 묵상, 음악에 맞춰서 춤추기, 리드미컬한 호흡법이나 요가, 스트레칭, 긴 호흡을 유도하는 산보, 누군가 유도하는 대로 따라하는 명상 등이 있습니다.

3 소셜 레스트(Social Rest, 교류나 관계를 활용한 휴식)
마음이 통하는 친구와의 만남이나 교류, 전화, 산책 등이 있습니다.

4 영적인 레스트(Spiritual Rest, 기도와 명상에 의한 휴식)
짧은 시간 동안의 기도나 독경, 마음을 마주하는 명상 등이 있습니다.

잡념이 꼬리에 꼬리를 물고 요동쳐서 도저히 멈출 수 없다

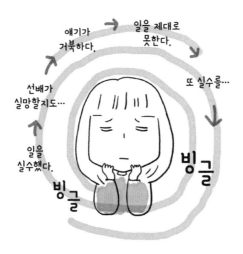

마음이 한 번 혼돈에 빠지면, 그 문제로 인한 고민으로 끙끙거리다 끝내 잠들지 못하고 꼬박 밤을 지새워 본 적이 있나요? HSP 중에는 태내에 있을 때부터 형성된 자기방어적인 기질 탓에 그런 식으로 마음고생을 하는 사람들이 아주 많습니다.

뭔가 신경 쓸 일이 생기면 그것이 계속 머릿속을 맴돌고, 이내 기분이 우울해져 사고가 정지되고, 결국엔 더 깊은 고민의 늪에 빠져버리는 악순환은 겪어보지 않은 사람은 이해하지 못할 고통입니다.

이런 악습에서 벗어나는 가장 빠른 길은 매번 궁지에 몰리는 자신을 너무 몰아붙이지 말고, 그런 기질 또한 자신의 특징이라고 받아들이며 스스로를 안심시키는 것입니다. 불면에 시달리는 자신을 질책하는 대신 그럴 수밖에 없는 자신을 너그러이 받아들이라는 뜻입니다.

HSP에게는 스스로를 격려하고 위안하는 일만큼 중요한 일도 없는데, 이유는 평소 습관적으로 매사에 자책하고 반성하면서 자꾸만 스스로를 못난 사람, 부족한 사람으로 취급하기 때문입니다.

잡념이 다람쥐 쳇바퀴 돌듯이 스스로를 얽어매는 이유도 그런 까닭입니다. 모든 문제의 한복판에 자신을 가둬두고 질책하는 습관이 잠들지 못하는 밤을 만들어내는 것입니다.

마음가짐은 물론이고 생활 습관까지도 바꿈으로써 부정적으로 고착된 일상의 패턴에 변화를 주는 것이 잡념의 사슬에서 벗어나는 지름길임을 잊지 마십시오.

셀프케어 매뉴얼

- 부정적인 사고 습관 속의 자신을 긍정하자.
- 부담스러운 사람의 모습 속에서 자신을 찾아본다.
- 생활 환경을 바꿈으로써 일상의 패턴에 변화를 준다.

우울감이 찾아오면
금세 마음을 닫아버린다

HSP들은 대화 도중에 상대의 말에 갑자기 표정이 굳어지면서 움찔하는 습관이 있습니다.

이때는 HSP에게 의식의 해리(解離) 상태가 일어난 것일 수 있습니다. 상대의 말이 계기가 되어 과거 경험에서의 트라우마가 떠올랐고, 자기 자신을 지키기 위한 조건반사적인 방어 반응이 나타난 것입니다.

이런 '얼음 반응'은 미주신경(Vagus Nerve)에 문제가 생겨 발생하는 것으로 몸의 경직, 혈압 하락과 함께 기억이 끊기는 부작용으로 이어지는 경우가 있습니다.

미주신경은 뇌에서 시작하여 안면과 가슴 부위를 거쳐 복부까지 이르는 신경으로 심장, 폐, 부신, 소화기의 무의식적인 운동을 조절하는 역할을 하며 골격근의 운동 조절, 심박수 조절, 장의 연동 운동에 관여하기도 합니다. 요컨대 상대방의 말이 본인의 의도와는 달리 미주신경에 영향을 끼쳤기에 얼음 반응이 나타났다는 뜻입니다.

어떤 사람이 별것 아닌 일로 갑자기 우울해하면서 느닷없이 타인과의 관계에 선을 긋고 마음의 문을 닫아버리는 상황을 보통 사람들은 '그 정도 일로 왜 그러지?' 합니다.

심리학자들은 HSP가 그런 식으로 마음의 문을 닫고 자신의 껍질 속으로 들어가 버리는 일은 자신을 지키기 위한 마음의 면역 반응이라고 설명합니다. 스스로 경계선을 넘어오려는 적을 차단하고 스트레스를 줄이려고 몸부림치는 것입니다. 그러니 누군가 대화 중에 그런 모습을 보인다면, 마음이 안정되기를 차분히 기다려주는 배려가 필요합니다.

셀프케어 매뉴얼

- 스트레스를 받으면 의식의 해리 상태가 일어나는 것을 알아둔다.
- 마음의 문을 닫은 채 자책하거나, 자기혐오를 하지 않는다.
- 해리 상태 일어나지 않도록 경계선을 강하게 만든다.

주변을 정리 정돈
할 수 없을 만큼 산만하다

HSP는 두 가지 이상의 일을 동시에 수행하는 멀티플레이에 무척 서툽니다. 어쩌다 마음을 먹고 청소를 시작해도 집중할 수 없을 만큼 산만해서 결국 청소를 할 수 없는 상황에 이를 때가 많습니다.

정리 정돈을 잘하기 위해서는 '실행 기능'이라 불리는 능력이 필요한데 이 능력에는 다음과 같은 세 가지 특징이 있습니다.

첫째, 목적과 조건을 항상 머릿속에 새겨놓을 것.

둘째, 중간에 일의 경과를 확인하고 수정할 것.

셋째, 목적에서 벗어난 충동적인 반응을 억누를 것.

뭔가 귀찮거나 스스로 해내기 어려울 것 같은 일이 생기면 곧장 자신의 내면세계로 숨어버리는 HSP는, 목적을 끝까지 완수하지 못해 실패와 자주 맞닥뜨립니다. 게다가 다른 사람에게 평가받는 상황을 몹시 신경 쓰기 때문에 불안감이 강해지면 감정을 제어하는 기능이 현저히 떨어집니다. 바로 이때부터 두서가 없어지고, 앞뒤 분간을 못하는 산만함의 절정으로 치닫게 됩니다.

이럴 때일수록 자꾸만 쓸데없는 생각에 빠지는 자신을 책망하지 말고, 지금을 즐긴다는 생각으로 임하면 집중력이 점차 높아질 것입니다. 또한 주변에서 평소 정리 정돈을 잘하는 사람의 행동 습관이나 마음가짐을 눈여겨보고 여기에 자기만의 규칙과 방법을 추가해서 새로운 요령을 만들어가는 것도 좋습니다.

셀프케어 매뉴얼

- 정리를 잘하는 사람을 따라하되 나름 자기만의 청소법을 찾아낸다.
- 두 가지 일을 동시에 하지 말고 하나씩 해나간다.
- 눈앞의 일에만 전념하며 거기서 즐거움을 맛본다.

시간 약속을
제대로 지키지 못한다

HSP는 사회생활을 하면서 상습적으로 지각을 하거나 항상 아슬아슬하게 도착하는 경우가 많아 비난의 대상이 되곤 합니다. 10분 정도 빨리 출발하면 괜찮다는 걸 알면서도 그런 습관이 몸에 배어 있어 고치지 못하니 주위 사람들은 구제 불능이라며 머리를 흔들 뿐입니다.

도대체 그들은 왜 이런 악습을 고치지 못하는 걸까요? HSP는 어릴 때부터 불안감이나 긴장감이 강했고, 어떤 일에 반드시 이렇게 해야 한다는 강박증을 갖고 있는 경우가 많습니다.

문제는 그런 '지각병'을 고칠 생각을 하지 않고 스스로를 아무리 노력해도 소용없는 존재로 낙인찍어버리는 일입니다. 어떻게든 개선하려는 의지를 보이기 보다 자신은 별 수 없는 존재라며 주저앉아 버리는 것입니다.

하지만 그들도 속으로는 그런 나쁜 습관에서 벗어나기를 간절히 바라고 있습니다. 정상적인 사회생활을 해나가는 데 있어 그런 습관이 걸림돌이 된다는 사실을 알기 때문입니다.

이럴 때에는 잘못된 부분을 당장 고치려고 하기보다는 자신에게 나쁜 습관이 있음을 깔끔하게 인정하면서 조금씩 개선해 나가겠다는 마음가짐이 필요합니다.

고치겠다는 마음이 너무 앞서면 자신을 부정하는 생각에 압도되고, 만약 악습이 고쳐지지 않기라도 하면 그것이 자책감이나 무력감 같은 또 다른 형태의 부작용을 일으킵니다.

이것이 바로 소심하고 내향적인 사람들이 나쁜 습관을 버리지 못하는 근본적인 원인인데, 뭔가 큰 목표보다는 한걸음씩 차분히 개선해 나가겠다는 결심을 통해 마음을 다져나가는 태도가 필요합니다.

셀프케어 매뉴얼

- 지각병을 고치려고 하기보다는 있는 그대로 받아들인다.
- 과거의 실패에서 원인이 있는지 없는지를 찾아본다.
- 자신의 모습을 인정하고 자존감을 회복한다.

CASE 11
한 번 짜증이 나면
화를 억제할 수 없다

대부분의 HSP들은 평소에는 아주 좋은 사람이고 싫은 일이 있더라도 꾹꾹 참아내지만, 한 번 화가 솟구치면 아무도 말릴 수 없을 정도로 흥분합니다.

이런 모습은 평소에 가슴속에 쌓아놓았던 열패감이 일시에 폭발하면서 쏟아지는 것입니다. 그러면 조금만 싫은 소리를 들어도 자제심을 잃고 분노를 표출하게 되는데, 이때는 폭언이나 거친 행동 등 평소와는 전혀 다른 모습을 드러냅니다.

하지만 이런 분노는 2차적인 감정이라고 할 수 있습니다. 답답함, 슬픔, 괴로움, 외로움, 억울함, 불안감, 좌절감 같은 1차적인 감정들이 밑바닥에 도사리고 있다는 얘기입니다.

당신이 HSP이고 지금 그런 상태에 놓여 있다면 내면 깊숙이 숨어 있는 감정에 눈을 돌려보기 바랍니다. 그러면 반드시 마음속 깊은 곳에 도사린 응어리가 보이게 되는데, 주위 사람들에게 자신의 솔직한 심정을 털어놓고 이해를 바라면 감정 조절에 도움이 됩니다.

분노의 배경에는 무슨 일인가를 반드시 해야 한다는 자기만의 엄격한 규정이 숨어 있을지도 모릅니다. 분노는 마음속으로 정해 놓은 기준이 무너졌기 때문에 일어나는 것으로, 자신에게 얼마간의 타협점을 제공하면서 몇 발짝 물러나는 게 좋습니다.

평소에 분노가 폭발할 때 나타나는 감정의 형태를 하나하나 기록해 두고 자신이 언제 어떤 식으로 마음의 지뢰를 터트리는지를 차근차근 분석해 보면 나름의 해결책을 찾아볼 수 있을 것입니다.

 셀프케어 매뉴얼

- 마음속으로 원하는 바를 분명하게 파악한다.
- 분노의 양상을 기록하고 언제 분노가 터지는지를 파악한다.
- 분노의 이면에 숨어 있는 감정들에 눈을 돌린다.

'앵거 매니지먼트'로
분노를 진정시키는 법

심리학에는 '앵거 매니지먼트(Anger Management)'라는 말이 있습니다. 분노가 터지기 전에 스스로 조절하는 태도를 가리키는 말로, 그냥 막연히 분노를 억누르거나 참아내는 게 아니라 화를 낼 필요가 있을 때 적절하게 화를 내고, 그럴 필요가 없을 때는 화를 내지 않도록 스스로를 조절하는 것을 말합니다.

분노는 인간의 수많은 감정 중에서도 가장 강력한 에너지를 갖고 있습니다. 그만큼 엄청난 파괴력을 지니고 있기에 무조건 피해야 한다고 생각하는 경향이 있습니다. 더욱이 분노의 감정 안에는 고통, 슬픔, 괴로움, 억울함이라는 마이너스 감정들이 들끓고 있어서 이를 계속해서 품고만 있다 보면 원한이나 증오로 변하게 됩니다.

물론 그렇다고 무조건 분노를 토해 내라는 말이 아닙니다. 어느 심리학자는 분노의 감정이 절정에 다다를 때까지는 아무리 길어도 6초라고 말했습니다. 욱하는 성질에 따라 자기도 모르게 화가 나도 충동적으로 행동하지 말고 6초 동안만 기다리면 진정될 수 있다는 얘기입니다.

분노가 절정에 이르는 6초 동안 두세 번 심호흡을 해볼 것을 권합니다. 만약 6초가 경과했음에도 '이 문제에 대해서는 화를 내야겠다'고 느껴진다면 곧이곧대로 감정을 드러내는 게 좋을지 모릅니다.

분노는 물러날 수 없는 자기만의 가치관을 표현하는 격렬한 감정의 하나입니다. 뭔가를 '반드시 해야만 하는' 원칙이 바탕에 도사리고 있습니다. 따라서 자기가 반드시 해야만 할 것들이 무너져 내릴 때 분노가 생기니 스스로 해야 할 일을 정확하게 인식하고, 허용의 범위를 조금 확대한다면 갑작스럽게 화를 내는 일이 많이 줄어들 것입니다.

스스로 결정하지 못하고
다른 사람의 생각을 추종한다

HSP는 터놓고 자기주장을 고집하지 않으려는 성격 때문에 다른 사람들에게 휘둘리는 경향이 많습니다. 이는 자신을 억누르고 주위 사람들의 의견에 쉽게 휘둘린다는 뜻으로, 무척이나 우유부단하고 순종적으로 보입니다.

HSP는 자신의 생각을 봉인한 채 진짜 속내는 마음속에 숨겨

두는 걸 당연하게 여기면서도 타인의 이해심을 강하게 원하는 이중적인 태도를 보입니다.

그러면서도 이들은 누구에게도 미움을 받거나 무시당하지 않으려고 부단히 주의를 기울입니다. 하지만 이런 일은 사실상 불가능하기에 마음속으로 실망감이 끊이지 않는 것입니다.

이들이 주위의 평가에 대해 신경을 끊고, 미움을 받는 상황도 두려워하지 않고, 자신의 생각을 스스로 결단하지 않는 한 자기다운 삶은 불가능합니다.

억지로 누르고 있는 감정을 어떤 식으로든지 표출하지 못하면 우울증이나 공황 장애로 전이되는 일도 있습니다. 한때는 별 탈 없이 넘기더라도 결국엔 무너지고 만다는 얘기입니다.

우리에게는 자신의 감각을 잃지 않되 세상과 적절히 어울리는 태도가 필요합니다. 스스로에게 안 된다고만 하는 '못난 나'는 '진짜 내'가 아니기에 그 부조화에 따른 부작용은 끊이지 않을 것입니다.

 셀프케어 매뉴얼

- 거울 앞에서 자신의 진심을 말해 보는 연습을 한다.
- 믿을 만한 사람에게 속마음을 털어놓는다.
- 싫은 사람에게 솔직하게 자신의 생각을 말하고 부딪쳐본다.

고통스러운 기억들이
자꾸 플래시백된다

지난날의 고통스러운 경험이 기억의 창고 속에 보존되어 있다가 의식하지 않았는데도 불시에 튀어나오는 일이 있습니다.

이를 '플래시백'이라고 하는데, HSP가 이런 경험을 하면 예전에 겪은 일이 마치 방금 일어난 것처럼 느껴져 심한 불안감이나 공포감에 사로잡히게 됩니다.

대표적인 현상이 '트라우마'입니다. 트라우마는 충격적인 사건으로 발생한 심리적 외상을 뜻하는데, 현재 가지고 있는 마이너스 감정이나 부정적 사고의 발원지를 찾아내기 위해서는 조금 힘들더라도 자신의 트라우마와 정면으로 마주할 필요가 있습니다. 다만 너무 정면으로 맞부딪치면 플래시백에 걸려들 위험이 있으니 주의해야 합니다.

심리학자들은 트라우마와 마주할 때는 제3자의 입장으로 바라보기를 추천합니다.

예를 들어 어릴 때 엄마에게 당했던 부당한 일들이 트라우마가 되었다고 합시다. 이때는 '나는 어렸을 때 너무 힘들었다!'고 생각할 게 아니라 '너는 어렸을 때 정말 힘들었겠구나!' 하고 제3자 입장에서 과거의 나에게 말을 거는 것입니다.

어렸을 때 자신이 너무 무력해서 엄마의 말을 받아칠 수 없었고, 그래서 울지도 화내지도 못했던 일들을 객관화해서 바라보게 되면 상처투성이인 어린 시절의 자신을 다소나마 이해할 수 있게 됩니다.

아이의 입장에서 토닥토닥 위로의 말을 건네고 마음을 어루만져주면 고통스러운 기억들이 조금씩 사그라질 것입니다.

셀프케어 매뉴얼

- 자신에게 제3자의 입장으로 말을 걸어본다.
- 자신이 느꼈던 기분을 말로 해본다.
- 억눌렸던 분노나 슬픔 등의 감정을 토해 낸다.

누가 보고 있는 것 같거나
욕을 하는 듯한 느낌이 든다

나 혼자밖에 없는데도 누군가 엿보고 있는 느낌이 든다든지 뒤에 누군가 숨어서 나를 날카롭게 지켜보는 것 같은 과민증을 경험한 적이 있습니까? 누군가 나를 욕하고 있는 것 같거나 뭔가에 쫓기는 기분에 시달린 적이 있습니까? 이 모든 감각은 해리 상태에 빠진 HSP에게 흔히 일어나는 현상입니다.

문제는 그 모든 상황을 진짜로 그렇다고 믿게 되면 망상에 가까운 정신 상태가 된다는 점입니다. 망상은 논리적 불합리나 모순된 증거에도 불구하고 잘못된 믿음이나 지각이 지속되는 불안 상태를 말합니다. 습관적으로 망상에 빠지고 현실 세계에서 일어날 수 있는 일이라고 굳게 믿어버린다면, 단순히 HSP를 넘어 병적인 상태라고 볼 수 있습니다.

하지만 HSP는 보통 사람들에게는 없는 초감각적 능력을 발휘하는 경우도 있기 때문에 망상의 증상이 보여도 확실하게 질병이라고 속단할 수가 없습니다.

이럴 때는 최대한 긍정적인 생각을 하며 자신감을 되찾기 위해 노력해야 하는데, 혼자만의 노력으로는 기분이 상승되지 않을 때가 많으니 전문가에게 상담을 받아보는 게 좋습니다.

서양에서는 전문가에게 심리 상담을 받는 걸 감기에 걸리면 의사를 찾는 것처럼 쉽고 편안하게 여깁니다. 그것은 부끄러운 일도 아니고 자신의 약점을 드러내는 일은 더욱 아닙니다.

마음의 상처를 치유하는 데 적합한 치료 방법을 알아보는 일이니 문제가 감당하기 어려울 정도로 커질 것 같다면 주저하지 말고 전문가의 말을 들어보기 바랍니다.

 셀프케어 매뉴얼

- 편안한 공간을 만들어 자주 휴식을 취한다.
- 과민증은 누구나 조금씩 경험했을 감각이라고 생각한다.
- 심리 전문가를 만나 상담하는 걸 주저하지 않는다.

'나 자신'이라는 의식이 갑자기 사라지는 고통에 시달린다

앞서 HSP는 의식이 해리 상태에 빠지는 경우가 많다고 설명했습니다. 해리란 '나 자신이라는 현재 몸 상태'나 '눈앞의 현실' 같은 감각을 잃어버려서 전혀 다른 자기가 마음속에 출몰하는 현상입니다.

해리의 형태는 다양한데, 갑자기 실연을 당했을 때 멍해지는 현상 같이 평범한 해리에서부터 마음속에 다른 인격체가 잠자고 있는 듯한 내재성 해리, 표면적으로 봐도 다른 인격체로 표변한 것처럼 보이는 외재성 해리 등이 있습니다.

이런 현상은 어린 시절부터 생길 수 있는데 무의식 상태에서 갑자기 일어나기 때문에 본인으로서는 감당하기가 어렵고, 주변에서도 표면적으로는 알아내기가 어렵다는 문제점이 있습니다.

그러다 스스로 기억의 공백을 깨닫고 주위 사람들에게 자신의 문제를 호소할 수 있는 사춘기 때부터 문제의 심각성을 절감하게 됩니다.

'나 자신'이라는 의식이 갑자기 사라지는 공백 상태에 시달리면서 자기 의지로는 도저히 어찌지 못하는 상황은 당사자에게는 최악의 고통일 것입니다.

해리는 자극이 강한 스트레스를 받으면 몸이 '얼음 반응'을 일으켜서 마음이 일시적으로 정지하고, 그런 상태에서 스스로 벗어나기 위해 다른 인격체를 생성하는 마음의 방어 반응입니다. 따라서 누군가 어렸을 때부터 해리 증상을 일으킨다면 이미 만성적인 트라우마와 연관이 있다고 판단하고 거기에 적절히 대응해 나갈 필요가 있습니다.

셀프케어 매뉴얼

- 하루하루 자신의 행동을 기록하는 일기를 쓴다.
- 기억이 사라지는 문제보다 마음의 상처가 무엇이었는지를 살펴본다.
- 자신의 트라우마와 당당하게 마주한다.

HSP는 특별한
마음의 눈을 갖고 있다

손바닥에 사과가 있다고 상상해 보십시오. 색깔이나 형태를 완벽하게 느낄 수 있습니까? 무게와 냄새, 맛이 느껴지나요?

텅 빈 공간에다 머릿속으로 이미지화한 것을 상상했을 때 중량이나 냄새, 맛까지 재현할 정도로 생생하게 감지하는 사람이 있습니다. 게다가 그 이미지를 자유롭게 움직이거나 변화시킬 수도 있습니다.

이런 시각화 능력은 '마인즈 아이(Mind's Eye)'를 통해 구현되는데, 눈앞에 직접적으로 보이지 않더라도 머릿속으로 실재하는 것처럼 바라보는 것을 말합니다.

한 심리학자가 500명을 대상으로 행한 설문조사에 따르면 45퍼센트의 사람들이 이미지화한 것을 눈앞에서 시각화할 수 있었다고 합니다. 그중 절반은 실체를 봤고, 전체의 2퍼센트는 중량이나 냄새, 맛까지 재현할 수 있었다고 합니다.

천장 높이에서 자신을 내려다보거나 커다란 유리 상자 속에 들어가 바깥에 있는 사람들을 쳐다보는 걸 이미지화한 경우도 있습니다. 그냥 상상하는 것에 그치지 않고 마치 눈앞의 현실인 것처럼 이미지를 만들어내는 것입니다.

이런 이야기를 좀 더 확대해서 생각해 봅시다. 자신의 행복한 모습, 상대하기 어려운 사람 앞에서 당당하게 자신의 의견을 말하는 모습, 목표한 것을 이루고 성취감을 느끼는 모습 등 얼마든지 스스로가 원하는 모습의 이미지화가 가능합니다.

HSP는 이렇게 특별한 마음의 눈을 갖고 있어 상상하고 공감하는 일에서 뛰어난 능력을 보입니다. 따라서 이런 능력을 적절히 계발한다면 예술 분야를 비롯한 여러 방면에서 유용한 도구로 활용할 수 있을 것입니다.

셀프케어 매뉴얼

- 마인즈 아이의 능력을 너무 의식하지 않도록 한다.
- 마인즈 아이의 능력을 예술 방면으로 확대시켜 본다.
- 자신만의 특별한 시선을 즐길 여유를 갖는다.

상대의 에너지를 빼앗는 '에너지 뱀파이어'

어떤 사람과 그저 가만히 마주 앉아 대화를 나눴을 뿐인데 나 혼자만 기진맥진하게 되는 경험이 있습니까?

그렇다면 그는 '에너지 뱀파이어'일지 모릅니다. 그 사람 스스로는 자각하지 못하지만, 사실은 당신의 에너지를 빨아들였거나 사기를 떨어뜨린 것입니다.

그들은 타인에게 기대어 자기의 활력을 얻어내는 습성이 있습니다. 더욱 무서운 것은 항상 에너지가 부족하기 때문에 누구를 만나더라도 에너지를 빼앗을 기회를 노린다는 것입니다.

그들은 대부분 피해망상, 우유부단, 불평불만, 자기 우선, 허언, 위선, 자기 정당화, 기분파 등의 기질을 가진 사람들이기 때문에 모기떼처럼 당신의 에너지를 빨아먹을 기회만 노리고 있습니다. 에너지 뱀파이어의 공격으로부터 도망치기 위해서는 다음 세 가지 원칙을 지켜야 합니다.

첫째, 나와 남의 경계선을 분명히 유지할 것.

둘째, 항상 평정심을 유지할 것.

셋째, 상대방을 의식하지 말 것.

제 **3** 장

다른 사람의 영향을
너무 많이 받는다

나만의 울타리를 튼튼하게 만들어라

'나와 남'을 구분하는 정신적 경계선이 튼튼한 사람은 자기 세계가 확고하기 때문에 주변의 분위기에 쉽게 휘말리지 않고 자기만의 집중력을 유지할 수 있습니다.

그러나 경계선이 몹시 모호한 HSP들은 주위 사람의 말이나 행동에 쉽게 동조하기 때문에 분위기에 휩쓸리기 쉬워 집중력을 유지하기가 대단히 어렵습니다.

HSP는 주변의 누군가에게 일어난 일에 지나치게 공감하거나 타인의 사고 패턴에 무의식적으로 맞추려는 습성이 있기 때문에 그들의 문제를 마치 자기의 일처럼 느낍니다.

당신이 이런 경우라면 의식적으로 타인과의 정신적 경계선을 강하게 만들 필요가 있습니다. 자기 세계에 대한 확고한 자부심을 포함해서 어떻게 살아가야 할지를 재점검하기 바랍니다.

하지만 자신의 경계선을 두텁게 하는 것만으로는 자아를 유지하기가 아직 충분하지 않아서 또 다른 방어선을 구축해야 합니다. 그것은 바로 자신 안에 흔들리지 않는 '마음의 심지', 즉 자기만의 틀을 구축하는 일입니다.

심지란 주관, 인생 철학, 비전 등을 포함하는 것으로 타인에게 휘둘리지 않고 살아가기 위해 꼭 필요한 조건들입니다.

친구가 적고, 누구와도
진실한 이야기를 나눌 수 없다

HSP는 자기 혼자만의 세계에 빠져 지내면 기분이 편해집니다.
어쩔 수 없이 다른 사람과 함께 지내더라도 소수의 사람들과
함께 있는 걸 좋아해서, 누군가와 1대 1로 마주 앉아 대화를 나
누는 걸 선호합니다.

그만큼 HSP는 잡담이나 세상 돌아가는 이야기를 나누는 일
에 무척 서툽니다. 심지어 대화를 나눌 때 상대의 물음에 곧바
로 답할 수 없기 때문에 미리 대화의 주제나 내용을 정하지 않
으면 이야기가 중도에 단절되는 경우도 있습니다.

활동적인 사람들에게 둘러싸이면 소외감이나 고독감을 느끼는 그들은, 소외되기가 싫어서 애써 상대에게 맞추려 들고 그러는 자신에게 남몰래 심한 열등감을 느끼게 됩니다.

그러다 보면 아무 상관없는 문제인데도 금세 휘말리거나 믿을 수 없을 정도로 많은 사람들로부터 싫은 일을 떠맡아 살게 됩니다. 때로는 자기 의지와는 관계없이 타인의 문제에 관여해 분란의 소용돌이에 휩쓸리기도 합니다.

인간관계를 자기 뜻대로 주도하지 못하고 항상 끌려다니니 마음이 편할 리 없고, 자기를 할퀴는 생각으로 마음을 채우니 어쩔 수 없이 고통의 연속인 일상을 이어나가는 것입니다.

인간은 다른 누군가의 기대를 충족시키기 위해 살아가는 게 아닙니다. 다른 사람들의 관심이나 기대가 내 삶을 자기들 마음대로 조종하도록 방치해서는 안 됩니다. 미움받는 것을 두려워하지 말고 내 인생 그 자체만으로도 충분하다는 생각으로 나 자신을 위해 살아가기 바랍니다.

셀프케어 매뉴얼

- 친구는 많은 편이 좋다고 생각하는 편견을 버린다.
- 한 번 만나더라도 내실이 있는 친구를 만난다.
- 주위 사람들에게 자신이 HSP임을 솔직히 털어놓는다.

CASE 18

사람이 많이 모이는 곳에 가면 몹시 불편하다

HSP들의 가장 큰 고민 중 하나는 많은 사람들이 모인 곳에 가면 무척 어색하다는 것입니다. 한두 사람이 주인공인 소규모 모임에서는 별 문제가 없지만 회사 회식 자리나 조금 큰 규모의 모임이면 어찌 해야 할지 몰라 전전긍긍하게 됩니다.

주변의 크고 작은 소음이나 누군가의 큰 목소리, 그리고 주위 사람들의 소소한 대화마저도 전부 귀에 들어와 집중할 수가 없습니다.

그뿐만 아니라 HSP는 주위 사람들의 표정이나 말에 과민하게 반응해서 쉽게 피로를 느끼는데, 문제는 그런 자신을 질책하며 못난이라고 낙인을 찍어버리는 습관입니다.

다른 사람들에게 쉽사리 동화되지 못하고 혼자 뚝 떨어져 있는 듯한 상황에 자주 몰리는 모습에 심한 자책감을 느낀다는 얘기입니다. 그렇기에 당신이 HSP라면 회사에서, 또는 친구들과의 술자리에서 이를 악물고 참석하는 것만으로도 이미 충분히 노력하고 있다고 할 수 있습니다.

다만 그렇더라도 다수의 사람들과 대화를 나누거나 주위의 상황에 맞추다 보면 의식의 흐름이 몹시 혼란스러워져서 정신없이 신경을 소모하고 말 것입니다. 아는 사람이 적은 자리에 참석할 경우에는 더욱 괴로울 테니, 그런 곳은 친구나 동료에게 함께 가자고 부탁해 보는 것도 좋습니다.

자신에게 맞지 않는 환경에다 몸을 끼워 맞추는 일은 매우 가혹한 일이니 반드시 참석해야 할 모임 이외에는 거절하는 것도 예민한 자신을 지키는 현명한 방법입니다.

셀프케어 매뉴얼

- 모임에 나가서는 가급적 주목을 덜 받는 자리에 앉는다.
- 마음이 편해지는 친근한 사람 옆에 앉는다.
- 피로감을 느끼면 혼자만의 공간에서 휴식을 취한다.

남에게 먼저 권할 수 없고, 타인의 권유를 거절할 수도 없다

'내가 먼저 누군가에게 만나자는 약속을 할 수 없다.'

'누군가 부탁하면 하고 싶지 않은 일도 거절할 수 없다.'

이런 성향도 HSP의 고민 중 하나입니다. 뭔가에 불만을 느껴도 자기 책임이라며 자책감에 빠지고, 그들에게도 나름의 사정이 있겠지 하며 원하지 않는 배려를 하거나 규칙이니 어쩔 수 없다며 쉽게 포기합니다.

그렇지만 마음속엔 그 모든 일로 인한 불만과 분노가 차곡차곡 쌓입니다. 자신의 감정을 시도 때도 없이 억누르기만 하면 자신조차 부정적인 감정이 어디서 오는지 알아차리지 못한 채 마음의 방황만 거듭하게 됩니다.

이런 상태가 지속되면 어느 순간 행복감을 느낄 만한 일이나 몰입할 수 있는 일을 발견하지 못해서 취미 생활을 즐기지 못하거나 인간관계의 폭이 눈에 띄게 줄어든 모습을 발견하게 될 것입니다.

살면서 문득 고독감을 느끼거나 주위에 녹아들지 못해 불안해질 때는 '미움받아도 괜찮다', '도망쳐도 괜찮다', '외로움이 소외당하는 것보다 낫다'고 생각하며 스스로를 토닥거리는 태도가 필요합니다.

HSP인 자신을 인정하면서 하고 싶지 않은 일은 단호히 거절하는 습관도 갖기 바랍니다. 그 다음으로 중요한 일은 거절당하게 될지라도 다른 사람들에게 자꾸 권해 보는 용기입니다. 그런 시도가 습관이 되어 쌓이다 보면 평소엔 할 수 없다고 믿었던 일에 도전하는 것이 대수롭지 않다는 걸 알게 될 것입니다.

 셀프케어 매뉴얼

- 우선 친한 사람들에게 약속을 먼저 권해 보거나 거절한다.
- 일이 많다면 사람들에게 도와달라고 부탁하거나 요구를 거절한다.
- 직접 말하기 어려우면 문자로 권하거나 거절한다.

사람들이 권할 때
멋지게 거절하는 방법

도저히 참석하지 않으면 안 되는 만남 말고는, 단체 술자리나 모임에 될 수 있으면 나가고 싶지 않다고 느끼는 일이 있을지 모릅니다. 그런 경우에 매몰차지 않게 거절하려면 어떻게 하면 좋을지, 그 방법을 생각해 봅시다.

'자신의 틀'을 만든다.

무언가를 결정할 때 스스로 정말 어떻게 하고 싶은지, 자신의 마음을 소중히 생각해서 우선으로 하는 것을 '자신의 틀'대로 살아간다고 말합니다.

HSP는 자신의 틀이 약해서 결국 타인의 틀에 끼워 맞추면서 살아가는 경향이 있습니다.

제대로 미움받는 법.

'자유란 타인으로부터 미움받는 것'이라고 심리학자 아들러는 말했습니다. 자신의 의견을 다른 사람들에게 제대로 전달하는 것이 중요합니다. 사람들의 권유를 거절해야 할 때 결론만 말하는 것보다는 상대방을 존중하며 그 이유를 충분히 설명하는 것이 좋습니다.

거절의 정석.

상사에게 갑자기 술자리에 참석하라는 말을 들었을 때 거절하는 방법 중하나의 예는 다음과 같습니다.

"미안합니다. 꼭 같이 가고 싶지만 오늘은 이전부터 약속했던 일이 있어서 아쉽게도 참석할 수가 없습니다. 하지만 다음 회식을 기대하겠습니다."

이 예의 포인트는 ①사과(죄송하다) ②자신의 의지 전달(나는 꼭 가고 싶다) ③거절하는 이유 제시(이전부터 약속했던 일이 있다) ④거절(참가할 수 없다) ⑤대안 제시(다음 달 회식을 기대한다)입니다.

'나는 꼭 같이 가고 싶다'고 하는 자신의 의지를 전달함으로써, 아무리 그 뒤에 거절하는 말을 덧붙이더라도 긍정적인 인상을 줄 수 있고, 게다가 대안으로 '회식'을 '기대하겠다'고까지 했기 때문에 상사도 기분이 상하지 않을 것입니다. 거절하는 문장을 여러 가지 가지고 있으면 상황에 걸맞게 활용할 수 있으니 안심이 될 것입니다.

CASE 20

다른 사람들이 원하는 대로만 해서 금세 지쳐버린다

"나는 어릴 때부터 주위 사람들에게 맞추기만 했고, 어른들의 표정을 살피며 그분들이 기뻐할 일만 해왔습니다. 그런 게 너무 싫었지만 어른들이 기뻐하니 억지로 참았고, 착한 아이라는 말을 들으면 왠지 기쁘기도 했습니다."

심리학에 '과잉동조성'이라는 말이 있습니다. 주로 HSP에게 많이 나타나는 경향으로, 상대방이 좋아할 말만 하거나 어떤 자리의 분위기를 재빨리 읽어내고는 거기에 먼저 맞추려는 태도를 가리킵니다.

하지만 사춘기에 들어서면 다른 사람에게 맞추려는 자신에 대해 스스로 공격적인 태도를 취하는 '또 하나의 나'가 생성되어 전혀 다른 인격체인 것처럼 활동하기도 합니다.

그러다가 사회생활에 눈을 뜰 때쯤부터는 세상의 흐름에 부응하기 위해 자신을 최대한 낮추면서도, 마음속 한편으로는 비굴해지는 자신을 냉정하게 대하는 제3의 자기가 나타나 혼란의 연속인 삶을 빚기도 합니다.

그러다 보니 태생적인 예민함과 현실에 적용하는 과정에서 나타나는 고단함이 마음속에 복잡하게 뒤얽히게 됩니다.

이 또한 일종의 해리 현상으로, 제때에 마음을 다스리지 않으면 심각한 상황을 부를 수 있으니 조심해야 합니다. 무엇보다 다른 사람들에게 의존하는 습관을 버리기 위해 노력하고, 무슨 일이든 스스로 결정하는 태도가 필요합니다. 모든 사람들에게 착하다는 인상을 주지 않아도 괜찮습니다.

셀프케어 매뉴얼

- 피해를 주지 않는 선에서 자기 본래 모습대로 행동한다.
- 자신의 생각을 매일 기록하는 습관을 가진다.
- 안심할 수 있는 자기만의 공간을 만든다.

사람들 사이에서 나 혼자만
어울리지 못한다고 느낀다

항상 누군가에게 휘둘리고 마는 HSP는 다른 사람들의 소소한
말이나 행동에도 본심이 무엇인지 신경을 쓰느라 자신의 입장
은 늘 뒷전입니다.

그러다 보니 '나는 이렇게 노력하고 있는데, 왜 남들은 나를
알아주지 않는 것일까?' 하는 섭섭함이나 '역시 내가 나쁜가 보
다' 하는 자책감에 빠지곤 합니다.

HSP는 부정적인 감정으로 치닫는 신경회로가 무척 활발해

서 뭔가를 결정할 때 과거에 있었던 비슷한 상황을 연상하는 시스템이 빠르게 활성화됩니다. 과거 경험에 대한 기억을 매우 상세하게 끄집어내며 그것을 바탕으로 다른 사람의 표정이나 몸짓에서 다양한 정보를 재빨리 읽어내기도 합니다.

하지만 이런 정보들을 제때에 표출하지 못하고 수없이 많은 미완의 스트레스로 남겨두기 때문에 트라우마로 변질되는 일이 자주 일어납니다. 타인의 감정이나 감각을 자신의 것인 양 받아들이기 때문에 자기의 진짜 감정과는 관계없이 생각하고 행동하게 됩니다.

그러다 보면 자신과 상대방을 구별하는 경계선이 옅어져서 불안감이나 긴장감이 높아지고 다른 사람들에게 영향을 쉽게 받아 자연히 자기주장을 펼칠 수 없게 됩니다.

그러지 않기 위해서는 그 무엇에도 지배당하고 있지 않다는 안심감이 충만한 공간을 찾거나 상대하기 편한 사람에게 도움을 받기 바랍니다. 나의 장단점을 친절히 가르쳐주고, 나의 불안한 일상을 지켜줄 동료를 찾으라는 얘기입니다.

셀프케어 매뉴얼

- 주변에서 사이좋게 지낼 수 있는 사람을 찾는다.
- 조언을 받을 수 있는 선배나 가족과 함께 이야기를 나눈다.
- 내향적인 성격을 나의 결점이 아닌 특징으로 생각한다.

주위 사람들의 감정에
너무 쉽게 좌우된다

HSP는 사전 정보를 모르더라도, 또는 여러 명이 모인 자리에 뒤늦게 참석하더라도, 그곳의 분위기나 사람들의 표정만으로 그때까지 어떤 대화가 오고 갔는지 재빨리 감지해 냅니다.

그런가 하면 다른 사람의 표정이나 몸짓, 목소리 톤으로 그의 기분을 쉽게 읽어낼 수도 있습니다. 그만큼 눈치가 빠른 것일 수도 있지만, 그로 인한 부작용도 만만치 않게 많습니다.

특히 HSP는 이렇게 주위 사람들의 분위기나 감정의 흐름에 아주 강하게 공감하기 때문에 자기까지 덩달아 기분이 가라앉는 일이 왕왕 있습니다.

다른 사람의 감정이 나에게 넘어오는 걸 차단하는 울타리가 취약하기 때문에 벌어지는 일인데, 자신도 모르게 우울의 늪에 빠져서 허우적대고 원인도 모르니 마땅한 해결 방도도 찾기 어려워 합니다.

타인의 감정에 휘둘리지 않기 위해서는 우울해하는 사람 근처에 가지 않는 게 제일이지만 어쩔 수 없이 어울리게 될 때는 '너는 너, 나는 나'라고 몇 번씩 반복하고 중얼거리며 튼튼한 울타리를 치는 게 좋습니다.

자신의 것이 아닌 감정 따위는 쓰레기 같은 이미지로 만들어 하늘로 날려버리는 연상을 해도 좋습니다. 큰소리로 "멀리 꺼져버려라!" 하고 소리쳐도 괜찮습니다. 마음속의 이미지는 곧바로 뇌에게 그것이 현실인 양 정보를 전달하니 무척 유용한 방법 중 하나입니다.

셀프케어 매뉴얼

- 부정적인 감정의 경향이 강한 사람들과 이야기할 때는 주의한다.
- 긍정적인 감정의 경향이 강한 사람들과 자주 어울린다.
- 타인과 나 사이의 경계선을 머릿속에 이미지화해 본다.

낯선 사람을 만나면
어떻게 대해야 할지 모르겠다

HSP는 얼굴을 맞대고 대화를 나누지 않아도 상대의 불안감이나 긴장감, 불만이나 분노 등이 그대로 전염되는 경험을 자주 합니다. 심리학에서는 이를 불순한 감각에 쉽게 전염된다는 뜻에서 '정동감염(情動感染)'이라고 부릅니다.

이런 이유로 HSP는 무의식적으로 상대의 감정을 예단하는 일이 빈번한데, 한편으로 제멋대로 들어오는 감정들 때문에 혼란스러워서 하고 싶은 말을 제대로 전달하지 못하는 경우도 흔합니다.

우리 주변엔 낯선 사람들과 스스럼없이 공감하고 동화되어 금세 터놓고 이야기를 나누는 사람들이 많습니다. 당신이 만일 그렇게 하지 못하는 쪽이라면 사전에 대본을 준비해 두는 방법이 있습니다.

'댁이 어디신가요?', '무슨 일을 하고 계신가요?'처럼 언제 사용해도 무리가 없는 인사말을 준비하여 적당한 타이밍에 말을 건네면 자연스럽게 다음 대화로 진전할 수 있을 것입니다.

아예 처음부터 '제가 낯가림이 심해서 말주변이 없으니 이해 바랍니다' 하고 솔직하게 커밍아웃을 하는 것도 좋은 방법입니다. 상대방도 대화가 원활하게 이루어지지 않으면 불안감을 느끼게 되니, 먼저 나의 사정을 밝히면 이해의 폭이 넓어져 좀 더 편안한 분위기를 만들어줄 것입니다.

이런 대화법은 특히 비즈니스 관계일 때 유용한데, 말을 번지르르하게 하는 사람보다는 진중하고 솔직한 태도라는 인상을 줄 수 있어 더 유리한 조건을 제시할지도 모릅니다.

 셀프케어 매뉴얼

- 낯가림이 심하고 말주변이 없다고 먼저 고백한다.
- 낯선 사람과의 대화에서는 간단한 이야깃거리를 준비한다.
- 대화가 곤란할 때 사용할 수 있는 몇 마디 말을 준비한다.

다른 사람들 사이에
자연스럽게 섞여 들어갈 수가 없다

HSP 중에는 다른 사람들과 함께 있으면 쾌활하게 분위기에 젖어드는 외부 자극에 강한 타입이 있습니다. 심리학에서는 이들을 '외향형 HSP', 또는 'HSS 타입'이라고 부르는데 그들은 사람이 많이 모이는 장소나 이웃들과 어울리는 일도 나름 잘해낼 수 있습니다.

HSP라고 해서 무조건 소극적이고 내향적인 사람들만 있는 것은 아니라는 뜻입니다.

이에 비해 혼자 있을 때만 마음이 간신히 밝아지는 '내향형

HSP'는 인간관계가 너무 서툴러서 다른 사람들과 모여 수다를 떠는 일이 마치 고문처럼 느껴집니다.

이들은 구성원이 많은 조직에 들어가 있으면 자신이 감당할 수 있는 범위를 훨씬 벗어나기 때문에 금세 주눅이 들어 꿀 먹은 벙어리가 됩니다.

하나의 대안으로는, 사람들 속에 섞이더라도 그들과 하나가 되려고 억지로 노력하지 않는 것입니다. 조금 미움을 받더라도, 이상하게 여겨지더라도, 그 자체로 괜찮다고 생각합시다. 말을 하지 않으면 안 될 때를 빼고는 그 자리에서 슬쩍 벗어나는 것도 좋습니다.

그럼에도 도저히 어쩔 수 없는 경우라면 몸에 지니고 있으면 안심이 되는 장신구나 책, 가방 같은 소지품으로 위안을 삼으십시오. 평소에 편하게 지내는 사람에게 함께 있어 달라고 부탁해 보는 일도 좋습니다. 만약 회사라면 마음이 맞는 선배와 사이좋게 지내기만 해도 그가 뒤를 봐줄 수 있으니 편안하게 느껴질 것입니다.

셀프케어 매뉴얼

- 가까운 사람들끼리의 모임에는 최대한 참석한다.
- 대화에 서툰 점을 인정하고 억지로 노력하지 않는다.
- 몸에 지니면 마음이 놓이는 물건을 찾아본다.

CASE
25

누군가를 쉽게 좋아하거나
상대방에게 무조건 의존한다

HSP는 가까운 사람의 고통이나 괴로움에 무의식적으로 공감하는 습성이 있기 때문에, 심지어 자기를 희생해서라도 상대방의 뜻에 동조하는 경향을 보이곤 합니다.

그래서 마치 그런 모습을 간파한 듯이 지배욕이나 이상한 욕구에 가득 찬 사람이 나타나 달콤한 말을 건네면 정신없이 빠져듭니다.

HSP는 연애를 하더라도 상대에게 일방적으로 의존하기 때문에 속수무책으로 지배당합니다. 그래서 어느 순간 상대가 그들을 노예처럼 부리는 등 제멋대로 행동하는 일이 빈번히 일어납니다.

그럼에도 HSP는 상대가 나를 무척 사랑하기 때문에 그러한 행동을 한다고 여기는 등 판단력을 상실한 모습을 보입니다. 만약 어떤 사람이 연애를 하면서 이별과 재회를 자꾸 반복한다거나 미워하면서도 사랑한다는 등 유난히 굴곡이 많은 러브 스토리를 이어간다면 한쪽이 HSP일 가능성이 큽니다.

HSP들은 사랑에 빠지면 주변 사물은 보이지 않을 정도로 상대의 장점만을 봅니다. 심지어 결혼생활에 지장을 초래할 커다란 단점이 있어도 걸림돌이 될 거라고 생각하지 않습니다.

그렇기 때문에 HSP가 누군가를 좋아하게 되면 주위 사람들과 대화를 나누며 냉정한 판단을 구할 시간을 갖는 게 좋습니다. 제3자의 시선으로 자기의 짝을 평가하게 함으로써 이면에 도사린 진짜 모습이나 비전을 찬찬히 살펴보는 것입니다.

셀프케어 매뉴얼

- 자기만의 취미 생활을 즐긴다.
- 지인과 상담하면서 냉정히 판단할 시간을 갖는다.
- 누군가에게 지배당하고 있다고 생각되면 곧바로 도망쳐라!

가족에게 사랑받으며 자란 기억이나 자각이 없다

HSP들은 성장 과정에서 부모를 비롯한 양육자에게 충분히 사랑받지 못했다고 느낍니다. 어렸을 때 양육자의 말에 충성스럽게 따르기만 했지 자신의 본심을 제대로 드러낼 수 없었다고 말합니다.

"나는 부모님에게 순종적인 아이였고, 문제가 하나도 없는 착한 아이였지만 막상 어른이 되고 보니 자존감이 바닥인 채 살아왔습니다."

태생적으로 지극히 예민한 사람은 성장 과정에서 주위 사람들의 왜곡된 감정을 너무도 쉽게 받아들인 탓에 대리 만족의 대상, 또는 착한 아이 같은 역할을 짊어지고 자랐을 가능성이 높습니다.

그 과정에서 HSP만의 예민함을 발휘해서 양육자의 내면에 있는 괴로움이나 모순된 감정을 무의식적으로 알아차리고 더 순종적인 태도를 보였을지 모릅니다.

양육자들은 아이의 그런 순수함이나 공감 능력을 알아차리지 못하고 무조건 억누르기만 하거나, 어쩌면 아이의 내향적인 기질을 꾸짖었을지도 모릅니다.

그러다 사춘기로 접어들면 마음속에 '또 다른 자아'가 등장하면서 착한 아이였던 자기 안에 '나만의 공간'을 만들게 됩니다. 이때부터 많은 HSP들이 가족 관계에서 자신을 희생자로 만든 사람들에게 강한 공격성을 드러냅니다. 가족 간의 사랑과 우애가 한 인간의 자존감 형성에 얼마나 큰 영향을 끼치는지에 대한 심리학적 이론들이 그렇게나 많은 이유입니다.

셀프케어 매뉴얼

- 자신이 자라왔던 가정 환경을 신뢰할 수 있는 사람에게 말해 본다.
- 조금씩 '착한 아이'를 졸업할 수 있도록 노력한다.
- 스스로를 희생하기만 하는 약한 마음을 인정하고 벗어나자.

부모에게 지배당하고
있다고 느낀다

부모의 말을 거스른다고 해서 함부로 아이를 윽박지르면, 혼자 살아갈 수 없는 아이는 부모의 눈치를 보며 맹목적으로 따르거나 부모의 마음을 먼저 읽어내고는 순종적으로 행동하게 됩니다.

이때부터 아이다운 천진한 모습보다는 부모의 의사에 따라 행동을 하고, 점점 피동적인 인간으로 성장합니다. 이런 이유로 사춘기 때 부모에게서 자립할 수 없는 아이는 어른이 되어서도 부모에게 지배당하는 관계에서 헤어나지 못합니다.

양육자로서 부모의 기능을 제대로 수행해 내지 못하는 가정에서 자라게 되면 아이는 어른이 되어서도 자기 평가가 대단히 낮고 주위 사람들의 태도나 표정에 좌우되면서 불안감에 휩싸이게 됩니다.

그 결과 표면적으로는 정상적인 사람으로 보여도 내면적으로는 누구에게도 자신의 본심을 털어놓지 못하고 홀로 고립된 채 살거나 친한 사람에게 무조건 의존적인 태도를 취합니다.

심리학자들은 이러한 HSP의 경향은 사실 스스로 깨닫고 개선하려고 노력하면 어렵지 않게 벗어날 수 있다고 말합니다. 자기 삶을 스스로 이끄는 주체적인 입장이 되려는 노력이면 충분하다는 얘기입니다.

우선은 이 책에서 설명해 온 HSP에 관한 지식을 받아들이고, 스스로를 그런 존재라고 인정해야 합니다. 그럴 수 있을 때 비로소 자신은 지배당하며 살아가는 비루한 존재가 아니라고 선언할 수 있습니다. HSP가 아닌 척 행동하며 자신을 속여서는 절대로 문제가 해결되지 않는다는 걸 다시 한 번 강조합니다.

셀프케어 매뉴얼

- 자기 자신에게 사랑한다고 말하는 습관을 갖는다.
- 부모를 비롯한 예전의 양육자들의 입장을 생각해 본다.
- 나는 누구에게도 지배당하는 존재가 아님을 믿고 선언한다.

부모의 기대에 부응할 수 없어
항상 미안하다

HSP는 책임감이 워낙 강하기 때문에 부모의 기대에 부응할 수
없어 미안하다고 생각하면서 성장해 왔습니다. 어쩌면 부모의
기대를 충족시키기 위해 현실과는 동떨어진 이상적인 모습을
만들어내는 연기까지 해왔을지 모릅니다. 그러면서도 항상 턱
없이 부족한 자신에게 죄책감을 느꼈을지도 모릅니다.

이런 탓에 HSP는 어린아이라 할지라도 어른들 못지않게 타
인에 대한 배려와 친절이 몸에 배어 있습니다. 이는 부모가 심
하게 요구하지 않더라도 어떻게든 해내려고 노력하는 아이였

기에 생긴 일입니다.

부모는 이런 아이를 대하며 순종적이고 효심이 깊은 아이라고 칭찬하지만 아이는 부모의 기대에 충분히 부응하지 못하는 자신에 대한 실망감과 죄악감에 시달리게 됩니다.

누군가 자신에게 잘못해도 상대방을 추궁하거나 탓하지 못하는 성격 때문에 HSP는 잘 풀리지 않는 일이 생기면 금세 자신의 부족함을 탓하고, 그렇기에 부모를 비롯한 누구라도 자신에게 만족할 수 없을 것이라고 착각합니다. 그래서 항상 미안해하며 죄책감의 늪으로 빠져들어가는 악순환에 빠지고, 자존감은 바닥을 향해 치닫게 됩니다.

그런 마음은 어른이 되어도 변하지 않습니다. 어린 시절에 느꼈던 착각에서 오는 그 답답함이 계속 잊히지 않아서, 자신은 착한 아이가 아니었다면서 평생 부모에게 미안한 마음을 느끼게 됩니다.

셀프케어 매뉴얼

· 어린 시절 부모에게 부족했다고 느낀 부분은 잊어버린다.
· 자연이나 동물, 아이들과 접하는 시간을 갖는다.
· '괜찮다', '좋다'는 긍정적인 말을 입에 달고 살아간다.

가족이 죽도록 미워서
폭력을 휘두른다

10대가 되어 부모의 약한 모습이나 모순된 행동을 똑바로 인식할 수 있게 되면 그때까지 참아왔던 또 다른 자아가 모습을 드러내며 거침없이 폭발합니다.

이를 심리학에서는 '트라우마성 보복'이라 부르는데 착하기만 했던 아이가 어느 날 갑자기 폭력적으로 변하기 시작하는 현상입니다.

가정에 만성적인 긴장 상태가 지속되면 HSP인 아이는 진정한 자신을 억누른 채 항상 착한 아이가 되어 행동하는 등 부모에게 무조건 순종하는 모습을 보입니다.

하지만 사춘기 시절의 자아 형성과 함께 그때까지 떠안고 살아왔던 괴로움, 슬픔, 외로움 등의 감정이 증오로 바뀌면서 부모는 물론이고 자신에게도 거침없이 분노를 표출하게 됩니다.

그간 무척이나 얌전하고 착했던 아이가 돌연 다른 모습을 보이는 것은 일종의 해리 상태라고 할 수 있습니다. 사춘기 무렵의 방황과 반항은 바로 이런 일면이기도 합니다.

이런 때는 부모의 힘만으로 아이의 요구에 대응할 수 없기 때문에 전문의를 찾아 상담하고, 심할 경우엔 적절한 처방을 받아 진정시키도록 해야 합니다. 그렇게 제한된 의존 속에서 위로를 받는 동안에 아이는 시간이 좀 걸리더라도 혼란의 시기를 거쳐 나름의 삶을 마련하기 위해 자립해 나갈 것입니다.

셀프케어 매뉴얼

- 분노의 이면에 있는 마이너스 감정을 알기 위해 노력한다.
- 마음속 답답함을 직접 말로 표현하며 냉정하게 자신을 돌아본다.
- 부모님과 자신의 삶을 구별하기 위해 노력한다.

HSP의 연애와 우정

HSP가 사랑에 빠지기 쉬운 몇 가지 이유가 있습니다. 사람들의 생각에 동조하거나 공감하기 쉽다는 점이나, 자신이 스스로 결정해서 살아갈 수 있는 자신의 틀이 약하다는 점 등이 원인입니다. HSP는 위로를 받으려는 마음에 의외의 이성에게 어느 순간 접근을 허용하고, 사귀게 되면 상대방의 요구에 응해 주기만 하는 일이 많습니다.

하지만 결국에는 상대방이 원하는 것과 자신이 원하는 것의 차이를 깨닫고 더욱 더 친밀하게 될 수 없는 사랑에 대한 부담감이 커지고 맙니다. HSP는 그들의 기질을 이해하고, 예술적인 활동이나 혼자서 지내는 일을 허용해 주는, 자신의 틀이 확실한 파트너를 만난다면 행복해질 수 있습니다.

우정을 나누는 관계에 있어서는 HSP의 장점을 발견해서 인정해 줄 수 있는 비HSP를 친구로 사귀는 것이 좋습니다. HSP의 정중하고 매우 섬세한 부분은 예민하지 않은 사람들이 동경하는 부분이기 때문입니다. 기질이 다른 사람들이 서로 어울림으로써, 스스로는 얻을 수 없는 경험을 하면서 관계를 유지할 수 있습니다.

제 **4** 장

힘든 직장생활,
어떻게 견뎌야 할까?

제4장에서는 HSP들의 직장생활에 관한 고민을 알아보겠습니다. 편안한 인간관계나 쾌적한 업무 환경을 확보하는 건 누구에게나 중요한 일입니다. 특히 극단적으로 예민한 HSP에게는 안전하고 안심이 되는 직장이나 편안한 인간관계가 절대적으로 필요합니다.

그렇다면 HSP에게 안전하고 안심이 되는 직장이란 무엇일까요? 이는 싫은 것을 싫다고 말할 수 있고, 하고 싶지 않은 일을 강요당하지 않으며, 자신의 이야기에 귀를 기울여주고, 감정이나 생각을 억지로 주입하지 않으며, 관계에 얽매이지 않고, 인격을 무시하거나 일방적으로 어떤 틀에 가두지 않으며, 상대의 책임을 대신해서 지지 않아도 되는 곳일 겁니다.

이러한 여건을 최소한으로 확보하려면 직장 어딘가에 '자기만의 피난처'를 마련하는 게 제일 좋은 대처법입니다. 사람들이 잘 드나들지 않는 회의실이나 자료실, 화장실도 좋습니다.
불안한 마음이 생기면 언제든 사용할 수 있는 공간이 있으면 다소나마 안심이 되는 일상을 보낼 수 있습니다. 만약 물리적으로 그럴 수 없는 환경이라면 마음속에라도 외부의 자극을 차단할 수 있는 '의식의 피난처'를 마련해 두면 좋습니다.

CASE 30 빨리 업무 처리를 하지 못해 자주 야단을 맞는다

해야 할 리스트

- ☐ 클라이언트와 약속
- ☐ 청구서 작성
- ☐ A사 방문
- ☐ 자료 작성
- ☐ 오후 3시 미팅
- ☐ 메일 체크
- ☐ 보고서 작성

한 가 득 ~

그 다음에
그러니까,
그러니까…

HSP는 한꺼번에 여러 가지 일을 하지 못하는 대신, 하나하나 시간을 들여가며 정성스럽게 실수 없이 일하고 싶어 합니다. 그리고 사물의 세세한 부분까지 신경을 쓰면서 사안의 본질을 들여다보느라 상상의 세계로 들어가기 쉬운 경향이 있습니다.

그 결과 눈앞의 일에 과도하게 집중력을 발휘하다 보니 전체를 객관적으로 보고 효율성 있게 일을 전개해 나가는 게 무척 서툽니다.

실수하거나 잊어버리지 않으려고 항상 신경 쓰기 때문에 일은 정확하게 끝냈지만 주위 사람들에 비해 엄청난 피로감을 느낍니다. 그들은 갑작스런 변경이나 돌발적인 일에 쉽게 혼란스러워지기 때문에 복잡한 업무보다는 하나에 몰두할 수 있는 일이 어울립니다.

그러니 당신이 이런 성향을 가졌다면 어떤 일을 맡게 될 때 상사에게 우선순위를 확인하는 게 좋습니다. 도저히 일의 우선순위를 구별할 수 없고, 일이 너무 많아서 혼란스러울 때는 이렇게 부탁해 봅시다.

"저는 한꺼번에 여러 일을 하면 혼란스럽습니다. 중요도에 따라 하나씩 일을 진행할 수 있게 해주십시오."

단, 이렇게 말하다 보면 자칫 능력이 부족하고, 소극적이라는 인상을 줄 수도 있으니 상대방을 봐가면서 부탁하기 바랍니다. 그래도 조금씩 자기의 방법과 속도대로 일하는 것은 잘해낼 수 있으니 자신의 페이스만 인정받을 수 있다면 기대 이상의 업무 능력을 발휘할 수 있을 것입니다.

셀프케어 매뉴얼

- 복잡한 인간관계나 업무에 휘둘리지 않도록 한다.
- 한꺼번에 많은 업무를 손대지 말고 우선순위를 정한다.
- 돌발적인 변경을 하지 않아도 되는 일에 집중한다.

갑작스런 변화에 대처하지 못해서
곧잘 혼란에 빠진다

원래 정해져 있던 스케줄이 갑작스럽게 변경이 되거나 지금까지 해온 일이 소용이 없게 되면 HSP는 그만 신경이 날카로워져 패닉 상태에 빠집니다.

그런데 묘한 것은 HSP는 자신의 행동을 억제하는 신경 또한 활성화되어 있기 때문에 패닉 상태에 빠지더라도 주위 사람들이 알아차리지 못하도록 불안이나 분노를 강하게 억누른다는 사실입니다.

그러면서도 과거의 경험과 현실의 분노가 혼란스럽게 결합되어 플래시백을 일으키거나 불안, 두려움, 분노를 느끼게 됩니다. HSP는 폭발하듯이 쏟아져 나오는 부정적인 감정을 적절하게 제어하지 못한 채 심한 자책감이나 열패감에 빠져 스스로를 할퀴는 감정에 사로잡히게 됩니다.

그렇다면 어떻게 해야 할까요? 분노를 억지로 참기만 하다가 어느 순간 폭발하는 일이 벌어지기 전에 '일단 멈춤'을 시도한다면 비상 상황에 적절히 대처할 수 있을 겁니다.

앞서 분노를 참는 데는 6초의 시간이면 충분하다고 했는데 어쩌면 참겠다는 마음 자체만으로도 억제가 될 수 있으니 그런 자세를 찾기 위해 노력하기 바랍니다.

가장 좋은 방법은 분노를 함부로 표출하는 습관에 길들여지지 않도록 분노의 기미가 느껴질 때마다 슬그머니 입술을 깨물며 참아내거나 크게 심호흡을 해서 스스로를 다독이는 연습입니다. 그리고 그런 식으로 해서 마음을 진정시킬 수 있게 되면 스스로를 칭찬하는 습관을 가져보십시오. 분노의 감정이 차분히 가라앉는 경험을 하게 될 것입니다.

셀프케어 매뉴얼

- 일단 심호흡을 해서 폭발을 방지한다.
- 분노가 솟구치면 물을 마시는 등 다른 일에 집중한다.
- 그런 식으로 마음이 진정되었다면 스스로를 칭찬한다.

타임아웃법으로
마음을 진정시키는 방법

아이에게 분노를 느꼈을 때 반사적으로 감정대로 행동하지 않기 위해서는 아이에게 몇 분간 조금의 여유를 갖도록 해서 진정을 시키는 '타임아웃'이라고 하는 방법이 효과적입니다. 혼을 내거나 추궁하거나 부정하기보다는, 자극을 멀리하고 진정될 수 있게 휴식을 취하는 것이 중요합니다.

타임아웃으로 마음을 진정시키는 방법은 간단합니다.

예를 들어, 너무 까불고 가만히 있지 않는 아이가 있다고 합시다. 이런 경우에는 스포츠 경기처럼 타임아웃을 정해 둔 다음, 아무도 없는 방 한구석에 의자를 놓고 잠시 앉히거나, 조용한 방에 데려가는 것 등을 시도해 봅시다.

시간이 지나면 타임아웃 종료를 알려줍니다. 타임아웃을 시행하고 있을 때 아이에게 시선을 보내거나 말을 걸어서는 안 됩니다. 소란을 피우던 아이도 이 동안에는 침착해지고, 분명 안정감을 되찾게 될 것입니다.

아이뿐만이 아니라 어른들이 사용해도 효과적입니다.

짜증이 사그라들지 않을 때나 사람들의 감정에 영향을 받아서 우울해 질 때 이 방법을 꼭 시험해 보길 바랍니다.

집단에서 벗어난 장소로 이동해 몇 분간 가만히 앉아 있어 본다거나, 화장실 등 혼자가 있을 수 있는 장소에서 잠시 동안 조용히 있어 보는 등, 단지 그것만으로도 흥분은 서서히 가라앉고 불쾌감 또한 사라져가는 것을 분명 느끼게 될 것입니다.

분노를 항상 폭발시키기만 하면 신뢰를 쌓는 인간관계는 영원히 기대할 수 없습니다.

갑자기 이름이 불리면
소스라치게 놀란다

HSP는 자기 세계에 과도하게 몰입하기 때문에 누가 갑자기 이름을 부르면 깜짝 놀라 뒤집어질 때가 있습니다. 그가 놀라는 모습은 말을 건넨 쪽이 미안해질 정도인데, 심할 경우엔 경련이라도 난 듯이 덜덜 떨곤 합니다.

　HSP는 또한 자기 의견을 제대로 표현하지 않고 무척 온순하기까지 해서 주위 사람들에게는 막연히 '착한 사람'으로 여겨지는 경우가 많습니다. 그러나 표면적으로 그렇게 보여도 항상 신경이 날카롭게 곤두서 있어 잘못 건드렸다가는 예상치 못한 일이 벌어지곤 합니다.

그들은 주위가 너무 신경 쓰여 일에 집중할 수 없거나, 분위기를 전혀 신경 쓰지 않은 채 자기 일에만 집중하거나 둘 중 하나인데, 문제는 하나밖에 의식하지 못한다는 것입니다.

자신에게 집중하면서도 주변 상황을 신경 쓰려면 자신을 둘러싼 모든 것에 의식을 넓히는 '관찰 모드'가 필요한데, 이런 시스템이 부족해 갑작스러운 일에 대처하지 못합니다.

문제는, 주변 상황에 정신이 흐트러지기 쉬운 낮은 집중력이나, 자신에게만 몰두하는 과도한 집중력은 간단히 고칠 수 있는 습관이 아니라는 것입니다. 집중력이란 뇌의 작용에 따른 것으로 의지에 따라 자유자재로 개선되는 게 아닙니다.

이럴 경우에는 자신의 약점을 주위 사람들에게 미리 알려서 그들이 조금 신경 써서 행동하도록 만들 필요가 있습니다. "나는 갑자기 만지거나 말을 걸면 깜짝 놀라곤 합니다" 하고 말함으로써 일이 벌어졌을 때 주위 사람들까지 놀라게 만드는 걸 방지할 수 있습니다.

셀프케어 매뉴얼

- 주위의 모든 상황을 관찰 모드로 바라본다.
- 갑자기 말을 걸면 자연스럽게 대처할 수 없다고 친구나 동료에게 미리 알린다.
- 자신을 부를 때 이름 대신 다른 대체 수단을 사용할 수 있게 한다.

회사에서 나 혼자만
야단을 맞는 것 같다

HSP들은 문제가 터지면 무조건 자신의 부족함을 탓하며 자책의 늪에 빠집니다.

무슨 일이든 '내 탓이오!'를 외치며 스스로를 책망하는 습관은 상대방이 '나를 싫어한다', '못났다고 생각한다'고 멋대로 착각함으로써 오히려 상대가 그렇게 행동하도록 유도하는 부작용을 초래합니다.

당신이 그런 사람이라면, 부정적인 사고 습관이 바닥까지 당신을 몰아붙이기 전에 '내가 무엇을 그렇게 잘못했을까?' 하고 자문해 보기 바랍니다.

HSP들은 한 번 부정적인 감정의 늪에 빠지면 주변 상황을 돌아보지 못하고 더 깊은 늪 속으로 고속 질주하는 습성이 있습니다. 하지만 잠깐 자신을 돌아보는 것만으로도 바닥까지 치닫는 감정의 속도를 줄일 수 있습니다. 그때 꼭 필요한 주문이 여기 있습니다.

'나는 아무 이유 없이 당하고만 있을 존재가 아니다!'

그렇습니다. 언젠가부터 당신은 스스로에게 나약한 인간이라는 낙인을 찍고 살아왔는지도 모릅니다.

이제는 당신 자신에 대한 새로운 평가가 필요합니다. 나는 결코 낙오자가 아니고 패배자는 더욱 아니라는 자각이 당신을 강하게 만들 것입니다. 작은 다짐이 행동으로 이어지고, 그것이 쌓이면서 당신을 더 강건한 인간으로 거듭나게 할 것입니다. 당신은 이유도 모른 채 당하고만 있을 존재가 아닙니다.

셀프케어 매뉴얼

- 아무리 자신이 잘못했어도 스스로를 탓하지 않도록 한다.
- 타인과의 문제를 구분하는 경계선을 강하게 의식한다.
- 자신의 몸을 지키는 것을 최우선으로 생각한다.

CASE 34

작은 실수에도
심하게 동요한다

쓸데없는 생각을 너무 많이 하는 HSP는 '실패하면 어쩌지?', '해낼 수 없게 되면 어쩌지?' 하는 식으로 매사에 불안감이나 두려움을 느끼며 살아갑니다.

HSP를 이런 곤경에 빠뜨리는 것은 뇌 속의 거울 뉴런 시스템이라고 말했는데, 이 시스템을 구성하는 주요 부위인 편도체는 어떤 자극에 대해 불안감이나 공포감의 의미를 갖다 붙이는 신경이자 거기에 트라우마가 생기면 더 강하게 반응하는 역할까지 합니다.

HSP는 자신이 저지른 작은 실수에 심하게 동요하면서 불안감을 느끼는 순간 과거에 느꼈던 불안감이 되살아나고, 결국 이렇게 되고 말았다는 식으로 부정적인 결과를 이끄는 연상에 돌입합니다.

이럴 경우에는 대책 없이 다시 절망 모드에 빠지지 말고 '실수했지만 어쩔 수 없는 일이다!', '괜찮아, 어떻게든 잘 될 거야!'라며 자신을 지키는 말을 하는 것이 걱정의 굴레에서 빠져나오는 가장 효과적인 방법입니다.

문제는 생각의 습관입니다. 걸핏하면 부정적인 사고에 빠지는 자신을 스스로 구해 내지 않으면 평생을 가도 거기서 빠져나올 수 없을지 모릅니다.

생각 습관을 바꾸기 위해서는 아무 때나, 어디서든지 긍정적인 말을 되새김질하는 습관이 필요합니다. '작은 실수 정도는 문제가 안 된다!', '실수는 누구나 하는 것이니, 걱정할 것 없다!' 등의 표현을 통해 마음의 동요를 잠재우기 바랍니다.

셀프케어 매뉴얼

- 실수를 인정하고 다음에도 실수할 거라는 전제하에 대책을 세운다.
- 실수를 없애기보다 실수하기에 내가 존재한다고 생각해 본다.
- 과도한 업무로 피로감이 쌓이지 않았는지 확인해 본다.

CASE 35 부탁을 받으면 거절을 못한다

아무리 바빠도 선배나 동료가 업무를 부탁해 오면 거절할 수가 없다……. 서툴게 거절했다가는 인간관계마저 깨질 것 같아 어쩔 수 없이 일을 떠맡는다…….

HSP는 부탁을 받으면 감당하기 어렵다는 사실을 알면서도 무리하게 승낙하는 경우가 많습니다. 그 이유는 자기주장을 고집할 자신감 부족, 미움을 받거나 배척당하고 싶지 않은 감정, 지나친 책임감, 그리고 상대에 대한 배려 때문입니다.

살면서 다른 사람들을 너무 신경 쓰면 그들이 정한 규칙대로 살아가는 사람이 됩니다. 그러니 자신을 위한, 자신만의 삶을 살고 싶다면 스스로 생각하고 결정하는 사람이 되어야 합니다.

거절하지 못하는 습관이 있는 사람은 정보 처리 능력이 다소 늦다는 공통점이 있다고 합니다. 생각하는 데 시간이 걸려서 원하는 답을 즉각 내놓지 못하고, 그러다 보니 누군가의 의뢰나 질문에 즉답을 할 수 없는 것입니다.

당신이 그런 사람이라면 한 템포 늦게, 조금이라도 천천히 대답하는 습관을 가져보십시오. 상대의 기분을 상하게 하지 않는 한도 내에서 조금 천천히 대답하면 상대는 얼마든지 기다려 줄 테고, 인간관계에 금이 가는 일도 줄어들 것입니다.

자기가 할 수 있는 일의 양과 시간을 정해 놓고 업무를 진행하면 무슨 일이든 경솔하게 떠맡는 일은 없을 것입니다. 이것이 자기 삶을 주도적으로 이끌어나가는 사람의 업무 스타일입니다.

셀프케어 매뉴얼

- 남의 부탁에 무조건 응하는 습관부터 버린다.
- 당장 결정할 수 없을 때는 나중에 한다는 원칙을 만든다.
- 무슨 일이든 경솔히 떠맡지 말고 일의 양을 미리 정한다.

CASE 36

환경 변화에 제대로 적응하기가 어렵다

우리의 정신세계도 하나의 에너지이기 때문에 불안이나 걱정 같은 마이너스 감정이 강해지면 심한 동요가 일어서 평상시에도 배 멀미를 하듯 불편한 상태에 빠집니다.

예를 들어 HSP가 이직을 해서 지금까지와는 다른 장소에서 일하게 되면 금방 그곳의 분위기에 젖어드는 것이 서투르기에 극심한 피로감을 호소합니다. 이직이나 전직에 실패한 사람들이 가장 흔하게 하는 말은 그 회사만의 분위기나 인간관계에 녹아들지 못했다는 것이 대부분인데, HSP에게는 특히 더 굉장한 스트레스로 다가옵니다.

그런가 하면 HSP는 상대가 누구든 말을 잘 들어주기 때문에 불만이나 상담, 화풀이의 대상이 되기 쉬운데 그러면 점차 자신이 가지고 있는 긍정적인 에너지와 활력을 빼앗겨 건강을 잃기도 합니다.

그러니 상대의 감정이나 생각에 영향을 받지 않도록 자신의 자리를 분명히 지킬 필요가 있습니다. 이 책에서 타인과의 경계선을 확실하게 설정하라고 거듭 주장하는 이유입니다.

이직이나 전직을 할 때 가장 좋은 해결책은 이전 환경보다 마음이 편한 곳으로 옮김으로써 복잡한 인간관계로 인한 부담감이나 책임감의 무게로부터 벗어나는 것입니다.

어느 환경이 나에게 적합한지는 사람에 따라 다르기 때문에 이직이나 전직을 생각한다면 반드시 이 문제를 우선해서 생각해 두기 바랍니다.

셀프케어 매뉴얼

- 부정적인 에너지를 가진 사람을 가까이하지 않는다.
- 회사 내 업무와 인간관계에 대해 상담할 수 있는 사람을 확보한다.
- 이직이나 전직을 할때는 나에게 적합한 환경을 갖춘 곳인지 사전에 파악한다.

CASE

37

성과를 올리려고
과도하게 노력한다

HSP는 완벽주의적인 성격으로 책임감이 강한 탓에 만성피로 상태인데도 자신을 더욱 채찍질합니다. 모두의 기대에 부응하기 위해서는 어쩔 수 없다는 고정관념이 그의 가슴을 무섭게 짓누릅니다.

"나는 태만해서는 안 된다."

"나는 누구보다 뛰어난 인재여야 한다."

"모두의 기대에 부응하지 않으면 안 된다."

그가 이렇게 피나게 노력하는 이유는 남들에 비해 뭐 하나도

뾰족하게 잘해 내지 못하는 자신을 자책하는 마음이 잠재되어 있기 때문일 수 있습니다. 자기 마음대로 만든 자신에 대한 편견이나 착각, 그리고 주위 사람들이 자신을 어떻게 생각할지에 대해 지나치게 신경을 쓰는 아집에 휘둘린 나머지 자신의 진심을 깡그리 닫아버린 채 무리하는 것입니다.

하지만 그렇게 자신을 끝없이 몰아붙여도 우울한 기분은 해소되지 않기 때문에 보람도 없고 행복하지도 않습니다. 아무리 노력해도 채워지지 않는 허전함이 가슴을 짓누를 뿐입니다.

이들이 행복해지기 위해서는 다른 사람들이 뭐라고 하든 상관없다고 외치면서 있는 그대로의 자신을 인정하는 태도가 필요합니다. 자랑스러울 것까지는 없지만, 그래도 부끄러울 것도 없다는 마음이 절실합니다.

세상의 모든 이들로부터 칭찬만 받는 사람이 어디 있겠습니까? 그렇게 마음을 다잡으면 그때부터 필요 이상으로 노력하지 않아도 된다는 생각이 떠오르고, 마음에 도사린 부담도 점점 가벼워질 것입니다.

셀프케어 매뉴얼

- 자신을 탓하는 마음이 있음을 인정하고 자신을 너그럽게 대한다.
- 자신의 피로감을 사람들에게 솔직하게 전한다.
- 목표의 80퍼센트를 해냈다면 그것으로 충분하다고 생각한다.

CASE 38

하는 일이 맞지 않아 이직과 전직을 반복한다

HSP는 사람들에 둘러싸여 일하게 되면 이리저리 눈치를 보느라 스트레스가 극에 달합니다. 그때마다 여러모로 부족한 자신을 탓하게 되고, 자신감마저 잃다 보니 불안감과 두려움이 더욱 커집니다.

이렇게 자기다움을 드러내며 일하는 모습을 찾기가 어렵다 보니 어느 곳이든 적응하기가 쉽지 않고, 그래서 걸핏하면 퇴사와 이직을 반복합니다.

HSP의 예민함은 그렇지 않은 사람들이 볼 때는 좀처럼 이해하기 어렵기 때문에 괜히 난리를 치며 과민하게 반응한다는 말을 듣기가 예사입니다.

하지만 그들은 자기 감정을 제대로 드러내지 못한 채 무조건 참기만 하니 심적인 고통이 신체적인 문제로 이전되어 아무 이유 없이 여기저기 아프게 됩니다. HSP들이 만성 두통이나 위장병 같은 고질병을 달고 사는 이유입니다.

이러다 보면 어느 날 문득 일을 그만두고 싶다고 생각하게 되는데, 선배와의 상담에서 '결국 도망친다는 말이군!'이라는 말을 듣게 되면 더욱 괴로워집니다. 이럴 때는 사람들이 자기를 알아주지 않는 걸 원망하거나 어쩌지 못하는 자신을 탓하기보다 솔직하게 자신의 현재 상황을 받아들이면서 동료들에게 괴롭다고 털어놓는 편이 좋습니다.

누가 뭐라 해도, 회사의 업무가 어떻게 되든 상관없이 자기 자신을 지키는 일이 제일 중요합니다. 대부분의 HSP들은 자신의 속내를 털어놓는 일에 소극적이지만, 더 이상 방황하지 않기 위해서라도 단단한 자아를 구축하겠다는 마음으로 용기를 내어 도전해 보기 바랍니다.

셀프케어 매뉴얼

- 도망쳐도 괜찮다는 것을 전제로 일에 부딪쳐본다.
- 일보다 자신을 지키는 것을 우선으로 한다.
- 어떤 직장에서 일하는 게 이상적인지 미리 파악한다.

CASE 39 항상 민폐만 끼치고 있는 것 같아 고민이다

직장에서 무슨 일이든 요령 있게 수행해 내는 동료와 실수만 연발하는 자신을 비교하면서 '나는 왜 이렇게 못난 것일까……' 하고 생각한 적이 있습니까?

HSP는 항상 자신이 부족하다고 느끼기 때문에 아무 문제없이 일을 끝내더라도 '나는 항상 민폐만 끼치고 있다'는 생각에 빠지곤 합니다. 그만큼 자긍심이 부족해서 무엇을 해도 자책에 빠지며 괴로워하는 것입니다.

HSP는 과거의 경험에 비춰 현재의 위험을 민감하게 잡아내는 불안의 신경회로가 발달해 있기 때문에 어렸을 때부터 '실패하면 안 된다', '경쟁에서 지면 안 된다', '일등이 아니면 안 된다' 등등 최고가 되어야 한다는 생각에 쫓겨 왔습니다. 더구나 어릴 때부터 극단적으로 걱정하는 습관에 길들여진 탓에 실수나 실패를 두려워하는 강박관념이 생겼을 수도 있습니다.

이런 사람일수록 다른 이들과 비슷하게 할 수 없는 자신을, 그래서 항상 불안감이 가득한 자신을 숨기려고 완벽을 목표로 삼아 지나치게 노력하는 습관까지 있습니다. 더욱이 무슨 일을 하든 이런 상태로는 안 된다고 자책하면서 자신과 싸우다 보니 더없이 피폐한 마음만 남았을 것입니다.

이 같은 경우에는 마음속 깊은 곳에서 들려오는 '○○이 하고 싶다'는 목소리에 귀를 기울면서 그 느낌대로 움직여보면 지금까지 존재하지 않던 자신을 새롭게 발견할 수 있을 것입니다.

셀프케어 매뉴얼

- 무엇이 하고 싶은지를 스스로에게 묻는다.
- 내가 잘하는 일이나 잘할 수 있는 일에 집중한다.
- 일을 잘하는 동료를 바라보며 배울 것은 배운다.

화가 나 있는 사람을 보면 갑자기 우울해진다

과잉동조성이 유달리 강한 HSP는 직장에서 화가 난 사람을 보거나 트러블이 생겨 팽팽하게 신경전을 펼치면서 대립하고 있는 사람들을 보면 제3자임에도 극심한 스트레스를 받습니다.

아무 상관없는 일인데도 마치 자신이 얽혀 있는 일이 아닐까 조바심을 내는 것인데, 이렇게 자기도 모르는 사이에 어두운 분위기에 전염되는 모습은 HSP의 전형적인 특징입니다.

이런 습성은 주위 사람들에게 매번 휘둘리는 상황을 초래합니다. 그러면 무슨 일을 하더라도 사람들에게 대책 없이 조종당하는 듯한 기분으로 살게 됩니다.

살면서 자기의 삶을 주도하지 못하고 매사를 타인의 뜻에 휘둘리며 결정하고 행동한다면, 인생행로에서 단 한 번이라도 존재감을 과시할 일이 없을 것입니다.

혹시 당신이 이런 모습이라면, 우선 외부로 향해 있는 정보 안테나의 감각 기능을 떨어뜨려야 합니다. 안테나의 대표적인 기능이 주위 사람을 지나치게 의식하는 것인데, 이를 멈추려면 꼭 필요한 주문이 있습니다. 그것은 바로 '너는 너, 나는 나'라는 외침입니다.

'너는 너대로 살아라, 나는 나대로 살 테니!'라는 말을 계속해서 되뇌며 상대가 뿜어대는 영향력을 차단하기 위해 노력하면 자기암시 측면에서 강력한 효과를 볼 수 있습니다.

이와 같은 긍정적인 자기암시가 습관이 되면 생활 전반에서 긍정적인 방향으로 생각하고 행동하게 된다는 사실은 이미 과학적으로 증명이 되었습니다. 당신도 그런 삶의 주인공이 되기를 바랍니다.

셀프케어 매뉴얼

- 타인에게 향해 있는 의식의 안테나를 차단한다.
- 주위 사람들과의 경계선을 머릿속에 이미지로 그려본다.
- '너는 너, 나는 나'라는 주문에 익숙해진다.

경계선이나 자신의 틀을
만드는 방법

자기 자신의 경계선이나 틀은 현실을 향해서 본래의 힘을 드러내고 싶어 하는 타자지향형의 '자신'과, 현실로부터 본래의 자신의 힘을 지키고 싶어 하는 자기중심형의 '자아(경계선)'로 성립되어 있습니다. 자신의 본심을 알고 적절하게 자기주장을 할 수 있는 것이 좋은 인간관계와 마음의 건강을 유지할 수 있는 비결입니다. '자신'을 유지하고, '자아'를 강하게 하기 위해서는 다음과 같은 방법이 있습니다.

1 보이지 않는 바리케이드로 자신을 두른다.

빛이나 향처럼 마음이 편한 에너지를 이미지화해서, 그 에너지를 둥글게 전신에 두릅시다. 이 바리케이드로 외부로부터의 자극을 차단하면, 그 안에서 매우 마음이 편해질 것이라고 이미지화합니다. 이미지를 그리는 연습은 그 존재를 실재하는 것처럼 느낄 수 있을 때까지 몇 번이나 계속하다 보면 효과가 나타납니다.

2 자기 자신이나 상대방을 의식하지 않는다.

타인의 감정으로부터 몸을 너무 지키려고만 하면 오히려 감정에 집중하게 돼, 타인의 감정과 이어지기도 합니다. 따라서 일부러 자신을 지키려고 하는 마음을 버리고 공감도, 반응도 하지 않는 허심탄회한 상태로 있으면 상대방이 지금의 내 감정을 눈치채지 못한 채, 지나갈 수 있습니다.

3 자신 안에 흔들리지 않는 틀을 만든다.

타인을 너무 우선시해서 죄악감에 빠졌을 때는, 자신의 마음에게 '진심으로 하고 싶어?'라고 물어봅시다. 그러면, '아니, 그건 본심이 아니야'라고 대답할 것입니다. 자문자답하면서 자신의 착각이나 타인에게 얽매여왔던 속박으로부터 벗어납시다.

4 <u>스스로 결정하며 살아간다.</u>

어떻게 해야 할지 몰라서 마음에 갈등이 생기게 될 때는 고민하는 것을 그만두자고 결정합시다. '뭐 어떻게든 되겠지'라고 집착을 놔버리는 순간, '사실은 이렇게 하고 싶다'고 하는 본심을 알게 될 수 있습니다.

동료들과 나누는 잡담이나
형식적인 대화에 서툴다

SNS를 통해 지인들과 가벼운 대화를 이어가는 일조차 서툴다
고 말하는 HSP들이 많습니다. 이런 상황이다 보니 직장 동료들
과 카페에서 잡담을 나누는 시간이라도 되면 엄청나게 피로감
을 느낍니다.

원래 동료들과 어울려 시시껄렁한 잡담을 나누는 일에 서툴
기 짝이 없는 HSP는 스스로 대화 중간에 끼어들 수 없다는 답
답함을 견딜 수 없어 하며 점차 그런 자리를 외면하게 됩니다.

HSP가 다른 사람들과의 잡담에 서툰 이유는 굳이 말하고 싶지 않은 이야깃거리가 있기 때문일지도 모릅니다. 어렸을 때의 나쁜 기억이나 고통스런 가정사, 괴롭힘을 당한 일, 실패담 같은 것 말입니다.

마음으로는 누군가 자신의 이야기를 들어주었으면 하면서도 오랜 기간 마음을 닫은 채 진짜 자신을 숨겨왔기 때문에 본심을 쉽게 드러낼 수 없는 것입니다. 또한 다른 사람의 행복이나 성공에 축하한다고 말하면서도 속으로는 질투하는 스스로를 용서하지 못하기도 합니다.

주위 사람들과의 잡담도 인간관계를 돈독히 하는 하나의 수단이니, 그런 기회가 오면 적극적으로 참여하기 바랍니다.

자신의 약점을 무조건 숨길 게 아니라 용기를 내어 드러내봅시다. 그것이 보통 사람들의 사회생활 패턴이므로, 두려워할 필요가 전혀 없습니다. 처음 시도해 보는 것이 어려울 수 있지만 몇 번 성공하면 다음부터는 쉬워질 것입니다.

셀프케어 매뉴얼

- 조금만 대화를 시도해 본 뒤에 자리를 뜬다.
- 자신의 약점이나 본심을 알아줄 만한 사람에게 마음을 열어본다.
- 어색한 사람은 피하고 좋아하는 사람 옆에 자리 잡는다.

일하다 주의를 받으면
완전히 거부당하는 느낌이다

상사에게 무슨 문제에 대해 지적이라도 받으면 모든 걸 거절당한 느낌이라며 곧장 우울감에 젖어드는 사람이 있습니다. 그렇게 되면 상사는 '그렇게까지 상심할 일인가?' 하고 놀라게됩니다.

별것 아닌 일로 쉽게 침울해하면서 자책감에 빠진다면 자기평가에 인색한 성향을 보이는 사람이 틀림없습니다. HSP는 어렸을 때 부모가 아이의 예민함을 제대로 수용하지 않았기 때문에 자기 평가가 무척 낮은 편인데, 어른이 되었어도 이런 성향은 여전히 유지됩니다.

그들은 일상의 많은 부분에서 주체적인 판단보다는 주위의 평가에 쉽게 좌우되기 때문에 숙명처럼 불안감을 껴안고 살아갑니다. 게다가 누구에게도 약한 부분을 보여주지 않으려고 악착같이 자기 세계를 고집하다 보니 안과 밖의 균형이 맞지 않아 혼돈의 연속입니다.

여기서 끝이 아닙니다. 버림받는다, 거부당한다, 무시당한다 등의 상황을 견딜 수 없어 하기 때문에 정말로 그런 상황을 맞닥뜨리면 자기 자신은 물론이고 가까운 사람들에게 부정적인 감정을 마구 쏟아냅니다.

심리학자들은 이런 현상이 '착한 아이'로만 살아왔기 때문에 벌어진 비극이라고 말합니다. 그러니 이제 분노나 혐오, 질투에 휩싸인 '나쁜 아이'인 자신도 인정하고 사랑해 줍시다. 장점도 단점도 모두 자기의 모습으로 받아들입시다.

자기 자신의 진짜 모습을 순순히 인정하면 그동안 억지로 써왔던 가면을 홀가분하게 벗어던지고 자기 세계를 튼튼하게 지키는 울타리를 세우는 데 큰 도움이 됩니다.

셀프케어 매뉴얼

- 마이너스 감정이 생기면 왜 그런지 원인을 생각한다.
- 자신의 진짜 마음을 인정하고 받아들인다.
- 기분이 좋아지는 일에 눈을 돌려 자신을 즐겁게 만든다.

HSP에게 어울리는 직업

현대는 여러 직종이 있고, HSP 중에도 '자신이 좋아하는 일을 하며 돈을 버는 일'을 하고 있는 사람도 많습니다.

미국의 한 여성은 사람들과의 관계가 너무 힘들어 혼자서 일할 수 있는 대학 도서관에 근무했는데 영화와 비디오 수집을 특별히 좋아했습니다. 그녀는 직장 상사를 설득해서 영화와 비디오 물품을 도서관에 구비할 수 있게 했습니다. 이 도서관은 성인교육 부분에서 최고로 꼽히는 것을 목표로 했는데, 그녀가 구입한 물품 덕분에 해당 부분 1위가 되어 큰 화제가 되었습니다.

HSP는 그 특유의 예민함 때문에, 어떠한 사정으로 괴로워하고 있는 당사자의 마음을 감지할 수 있습니다. 그리고 뛰어난 직감력으로 괴로움에서 벗어나도록 일을 이끌어내는 경우도 많습니다.

하지만 HSP에게 있어서 가장 먼저 소중히 할 것은 자신이고 그렇게 할 수 있는 일이 직업이 되어야 함을 잊어서는 안 됩니다.

제 **5** 장

일상생활에서의
크고 작은 고민들

예민함이 지나친 사람들 중에는 다른 사람은 잘 느끼지도 못하는 전자파에 대해 과민하게 반응하는 경우가 있습니다.

그들의 민감함은 오감이나 체내 감각, 장소의 분위기뿐만 아니라 전자파, 방사선, 기압, 광선, 용액, 금속, 살충제, 석유 화학 제품, 담배 연기, 설탕, 글루틴, 화학조미료, 약품, 농약 등 여러 가지 이유에서 기인합니다.

평소에 곰팡이나 먼지, 꽃가루 같은 생물학적 부하나 귀금속이나 무기물, 유기물에 의한 화학적 부하, 열이나 빛, 기압에 의한 물리적 부하, 그리고 대인관계에서 받은 스트레스나 정신적 고민으로 인한 심리적 부하에 잘 걸리는 사람들은 어떤 스트레스에 직면했을 때 생체의 적응 능력이 한계에 달해서 갑자기 알레르기 반응이나 화학 물질 과민증, 전자파 과민증을 겪게 됩니다.

의사들은 과민증이 한 번 발생하면 고치기가 어렵다고 말합니다. 그만큼 예민해진 신경은 현대 의학으로도 다스리기가 힘듭니다.

가장 좋은 대책은 자극으로부터 될 수 있는 한 거리를 두고 살면서 자극의 발생을 예방하고, 한 번 자극이 생겼더라도 체외로 방출해서 면역력을 높이는 노력을 계속하는 것입니다.

식사를 한 다음 몸이 처지거나
갑자기 컨디션이 나빠진다

먹고 나니
왠지 몸이…   처지네…

HSP 중에는 위장이 약한 사람이 유독 많은데 식사 중이거나 식후에 복통, 설사, 구토 같은 증상에 시달리고 여기에 더해 졸리거나 나른함, 습진 등이 나타나기도 합니다.

조금 심한 경우엔 약품이나 식품첨가물, 설탕, 고기류, 흰쌀, 밀가루 같은 먹거리와 맞지 않아서 걸핏하면 복통을 겪는 사람도 있습니다.

뇌와 장은 서로 밀접하게 영향을 끼치는 관계로, 과도한 걱정이나 만성적인 불안은 위장에, 작은 일에 대한 집착은 소장에 문제를 일으킵니다.

특히 위장에 만성적인 문제를 안고 있는 환자들 가운데는 유아기 때의 섭식이 트라우마로 남아 있다고 합니다. 어린 시절에 뭔가 잘못 먹어 심한 통증에 시달렸다면, 그 일로 인해 평생 소화기관에 불편함을 느끼게 하는 증상들이 일어날 수 있다는 얘기입니다.

한방의학에 '비허(脾虛)'라는 말이 있습니다. 비장의 기능이 허약하여 소화가 잘되지 않아서 얼굴이 누렇게 되고 몸이 쇠약해지는 병을 일컫습니다. 증상으로는 식욕 감퇴, 식후의 졸림이나 나른함, 금방 배가 부르는 현상 등이 있습니다. '기허(氣虛)'라는 증상도 있는데 기력이 없다, 피곤하다, 몸이 처진다 같은 침체 상태가 지속되는 경우를 말합니다. 비허나 기허는 둘 다 체내에서 기(氣)가 충분히 만들어지지 않는 게 원인이라고 볼 수 있습니다.

이런 증상들이 눈에 띄게 나타나는 경우에는 음식물의 내용을 세세히 검토하여 더 영양가 높은 식단을 준비하고 스트레스로 인한 만성피로 상태에 빠졌는지 확인할 필요가 있습니다.

셀프케어 매뉴얼

- 식사 일지를 작성하면서 몸의 상태를 꼼꼼히 확인한다.
- 일지를 통해 컨디션을 나쁘게 하는 식품을 발견한다.
- 컨디션을 나쁘게 만드는 것들의 대체 식품을 찾는 등 식단을 재구성한다.

전자파에 예민해서
너무 신경이 쓰인다

HSP는 식물이나 약품, 화학 물질, 전자파에 민감한 체질로, 이런 성향은 만성피로증후군의 원인이 되기에 세심한 관리가 필요합니다.

누군가 전자파에 예민하다고 말하면 대부분의 사람은 그 정도로 예민하다니, 조금 심하다는 반응을 보입니다. 하지만 넘쳐나는 전자파에 직간접적으로 반응해서 휴대전화를 사용하면 심한 두통을 앓거나 컨디션이 극도로 나빠지는 사람이 실제로 많습니다.

이를 '전자파 과민증'이라고 부르는데, 이 명칭은 실제로 2005년 세계보건기구(WHO)에 의해 공식적으로 인증된 것으로 전자파에 대한 심한 알레르기 반응의 총칭입니다.

이유도 모른 채 컨디션이 극도로 나쁘다고 말하는 사람들 중에는 전자파의 영향 탓인 경우도 있습니다. 체내에 정전기가 쌓이고, 거기서 방출된 전기가 혈관 수축을 일으키는 바람에 혈류 장애나 근육 수축이 일어나기도 합니다.

이로 인해 나타나는 증상은 다양합니다. 몸이 심하게 늘어진다, 이상하리만큼 피곤하다, 심한 냉한증에 시달린다, 어깨 결림이 심하다, 눈의 피로나 건조함이 계속된다 같은 증상이 있는데, 이런 사람은 정전기를 없애는 '정전기 디톡스'를 하면 몸이 따뜻해지면서 나른해지는 현상을 완화시킬 수 있습니다.

몸의 정전기를 없애는 디톡스 방법으로는 자연과 어울리기, 친환경 제품 사용하기, 건물을 맨발로 돌아다닐 수 있도록 자연 친화적으로 짓기, 자주 목욕하기, 잦은 수분 보충 등의 방법이 있습니다.

 셀프케어 매뉴얼

- 집 안의 전자 제품은 사용하지 않을 때 되도록 전원을 끈다.
- 넓은 공원 등 자연 친화적인 곳의 지면을 맨발로 걸어본다.
- 전자파 제거 용품 등을 자주 사용하는 등 정전기 디톡스를 실천한다.

화학 물질에 예민해서,
그로 인한 증상이 자주 나타난다

HSP 중에는 화학 물질이 포함된 것들에 강한 거부 반응을 보이는 사람들이 있습니다. 화장품을 잘못 바르면 피부 트러블이 생기거나 식품을 잘못 먹었을 경우 복통, 설사, 구토 같은 증상이 생기고 심하면 신체 일부에 심한 통증이 생기기도 합니다.

이런 식의 과민증은 평소에는 별로 반응이 나타나지 않던 자극에 갑자기 이상할 정도로 강한 반응을 나타내며 일어납니다.

특히 HSP들은 만성적으로 강한 스트레스를 받아온 결과, 언제부터인가 갑자기 감수성의 수치가 최대치에 다다라서 작은 것에도 몹시 예민하게 반응하도록 변화되었습니다.

예를 들어 컵라면이나 정크 푸드, 화학조미료가 들어간 음식을 소량으로 섭취하더라도 금세 부작용이 나타나 온몸에 두드러기가 나고 특정한 부위에 심한 통증을 느끼기도 합니다. 심한 경우에는 가쁜 숨을 몰아쉬다 갑자기 쓰러지는 등 정상적인 생활을 할 수 없을 정도로 고통스러워합니다.

이럴 때는 극도로 민감해진 몸을 억지로 회복시키려고 애쓰기보다는 새롭게 변화한 몸의 특징을 잘 파악해서 익숙해지는 방법을 배워가는 게 좋습니다. 거주 환경이나 식생활, 대인관계 등 근본적인 원인을 바꾸는 방법으로 대처해 보는 것도 괜찮습니다.

상태를 개선하려고 너무 무리하면 어느 날 갑자기 과민증이 더 심해져 고생할 수 있으니 주의가 필요합니다. 특히 화학 물질 과민증과 전자파 과민증은 높은 확률로 결합되어 나타날 수 있으니 주의해야 합니다.

셀프케어 매뉴얼

- 식사 일지를 작성하며 몸의 상태를 기록한다.
- 먹는 것이나 피부에 닿는 것 중에 몸의 변화를 일으키는 것이 있는지 찾아본다.
- 거주 환경이나 식생활처럼 근본적인 부분을 바꿔본다.

밤에 잠자리가 불편해서
좀처럼 잠들 수 없다

이불 속에 들어가 잠을 청해도 좀처럼 잘 수 없는 일은 HSP에게 공통적으로 나타나는 고통입니다. 수면이 옅은데다 작은 자극에도 금방 신경이 곤두서서 뇌가 쉬지를 못하는데, 이는 HSP가 쉽게 피곤해지는 또 하나의 원인이기도 합니다.

만성적인 두통이나 수면장애는 해리 증상을 동반하는 HSP의 특징으로, 어렸을 때부터 이런 증상이 생겨서 두통이 없는 날이나 숙면을 취하는 날이 거의 없었다고 말하는 사람들도 있습니다.

심해지는 스트레스와 영양 섭취의 부족이 계속되면 호르몬 생성기관인 부신(副腎)에서 분비되는 아드레날린이나 노르아

드레날린(Noradrenaline, 뇌의 활성화에 관여하는 호르몬), 코르티솔(Cortisol, 스트레스와 같은 자극으로부터 몸을 보호하기 위해 분비되는 호르몬)의 분비가 저하되어 부신이 면역 반응을 일으킵니다.

이에 따라 만성피로나 수면장애, 저혈압, 집중력 저하, 쑤시고 결리는 통증, 부종 등이 생기고 더불어 부교감신경 기능이 높아져서 면역력이 저하하고 알레르기 증상도 빈번하게 나타납니다. 또한 몸은 잠들더라도 의식은 살아 있기 때문에 수면제의 효과가 없는데도 복용하는 양을 점차 늘리게 됩니다.

이런 때일수록 스스로를 비난하거나 책망하지 말고, 그럴 수 있다는 마음으로 자기 자신을 토닥거려 줄 필요가 있습니다. 부정적인 감정은 더 강하게 신경을 곤두세우기 때문에 불면의 밤만 연장할 뿐입니다.

전문의를 찾아가 상담을 하되, 목욕을 통해 몸속까지 따뜻하게 해서 다소나마 긴장을 푸는 방법도 추천합니다. 마음이 차분해지고 잠자리도 편해질 것입니다.

셀프케어 매뉴얼

- 수면을 취할 때 안대나 귀마개를 해서 소리나 빛을 차단한다.
- 자기 전에 즐거운 일을 떠올리며 가벼운 기분으로 잠을 잔다.
- 편한 침대 등 잠자리 환경을 정리해 본다.

운동이 서툴러서
생각만큼 몸을 움직일 수 없다

HSP가 운동이 서툰 이유가 내성적인 기질 탓이라고 생각하는 사람들이 많지만, 500명을 대상으로 조사해 본 결과 HSP가 보이는 여러 과민증에서 운동에 서툰 것과 손재주가 없는 것에 대한 연관성은 찾아볼 수 없었습니다. 그러니 아무리 조용한 성격의 HSP라 해도 집안에 틀어박혀 지내지만 말고 쉽게 할 수 있는 운동부터 차근차근 해나갑시다.

운동에 서툰 사람들이 흔히 하는 말이 있습니다.

"아무리 연습해도 자세가 나쁘고 실력도 늘지 않습니다."

"축구를 하다가 내게 공이 오면 몸이 굳어버려요."

"쉽게 지치고, 금세 싫증이 납니다."

하지만 이는 소심한 기질에서 오는 핑계일 뿐으로, 이런 생각을 던져버리고 과감히 운동에 도전해 보기 바랍니다.

HSP는 팀을 이루는 스포츠에는 금세 싫증을 내는데, 이는 타인과 어울려 호흡을 맞추는 일에 적응하기 힘들어하는 측면을 고려하면 이해가 되는 부분입니다.

그렇기에 HSP 중에는 조깅이나 요가 마니아들이 많은데, 이는 잘하든 못하든 자기 페이스로 혼자 해나갈 수 있는 스포츠를 좋아하기 때문입니다.

HSP는 항상 머리를 너무 사용하기 때문에 뇌가 과부하에 걸리는 경향이 있으니 의식적으로 편안해질 수 있는 운동이 좋습니다. 조금 빨리 걷는 산책이나 자전거 타기, 수영, 등산, 낚시 같이 스스로 페이스를 조절할 수 있는 운동이 HSP에게 맞고 이는 뇌 활동에도 좋다고 하니 일석이조일 것입니다.

셀프케어 매뉴얼

- 팀 스포츠를 잘할 수 없다고 자책하지 말고, '나한테 맞지 않는 운동일 뿐이다'라고 생각한다.
- 스포츠를 시작하기 전 규칙을 자세히 알아둔다.
- 조깅이나 요가 등 혼자서 할 수 있는 스포츠에 도전한다.

HSP에게 추천하는 식사

실제로 하고 있는 식사법으로 모두에게 꼭 추천하고 싶은 방법이 있습니다. 그것은 인스턴트 식품이나 기성품이 아닌 좋은 재료로 간단하게 조리해서 먹는 것입니다.

월급을 받던 의사 시절에는 차가운 병원 밥을 불규칙한 시간에 급하게 입에 밀어 넣으면서 혼자 먹었습니다. 그 뒤, 병원을 개업하고 나서 직원들과 금방 만든 따뜻한 밥을 규칙적으로 먹는 환경으로 바꿨습니다.

식사 때 하나하나의 재료와 음식의 온기를 천천히 맛보는 것과, 입 안으로 들어가는 음식이 아무리 소량이라도 확실히 씹어서 먹는 것은 정말 중요합니다.

그러면 맛, 고마움, 기쁨이라는 감사의 마음이 생겨서 묵묵히 먹기만 하는 것이 아니라 따뜻한 대화도 나눠가면서 먹을 수 있습니다.

제 **6** 장

가족이나 주변 사람들이
HSP라면

HSP는 주위 사람들로부터 어떻게든 이겨내라는 말을 자주 듣는데 이는 불난 집에 부채질을 하는 말입니다. 앞서 기질은 결코 변하지 않는다고 설명했는데, 태생적인 문제를 사고방식의 변화만으로 개선하기는 대단히 어렵습니다.

따라서 주위 사람들이 할 일은 선입관 없이 믿고 수용해 주는 것, 그리고 하나의 인격체로서 이해해 주고, 공동체의 일원으로 받아들여주는 것입니다. 그것만으로도 충분합니다.

남에게 자기의 진심을 말하지 못하고 가슴속에 부정적인 감정만 켜켜이 쌓아두고만 있는 HSP에게 가장 필요한 것은 자신의 존재를 스스로 확인하고 위로받을 수 있는 안전한 공간입니다.

그 공간에는 사람도 포함됩니다. 그러니 자꾸만 잔소리를 하면서 그들을 과잉보호하거나 지나치게 간섭하지 말고, 스스로 삶의 길을 따라갈 수 있도록 응원해 줍시다.

CASE 48 아이가 HSP인 것 같은데 어떻게 해야 할지 모르겠다

아기 때부터 확실하게 드러날 정도로 몹시 예민한 아이에게 대응하는 방법은 부모가 HSP인지 아닌지에 따라 다릅니다.

부모가 HSS(비HSP)이고, 아이가 HSP인 경우에는 반대되는 기질 탓에 둘 사이에 심각한 골이 생깁니다. 서로가 상대방에 대해 이해할 수 없는 상황이 계속되는데, 어떤 부모는 아이의 단점을 무조건 박정하게 대하면서 그냥 덮어두기도 합니다.

아이에게 그런 부모는 생각이 통하지 않는 악마 같은 존재로 보이고, 이런 현상은 아이의 자존감 형성에 큰 영향을 끼칩니다.

남녀 간의 연애 관계에서도 마찬가지입니다. 의견 차이가 심해서 걸핏하면 싸움을 하는 연인 사이라면 혹시 한쪽이 HSS이고, 상대는 HSP가 아닌지 알아보기 바랍니다.

부모와 아이가 같은 타입이라면 둘 사이에 공감과 동조의 작용이 커져서 친밀함이 극대화되고, 아이에게는 부모가 신과 같은 존재로 비춰질 것입니다.

하지만 이런 관계에도 부작용은 있습니다. 부모가 아이의 힘든 점에 너무 공감하다 보니 냉정하게 대하기가 어려워지고 과보호하게 되어 버릇없는 아이, 무기력한 아이가 될 수 있습니다.

그런 아이는 자극에 너무 취약해서 새로운 환경에 익숙해지기 힘들어하고 매사에 자신감을 잃기 쉽습니다. 따라서 아이에게 어렸을 때부터 안도감을 심어주는 게 중요합니다. 세상의 가치관이나 상식을 강요하지 말고, 예민함이라는 아이의 개성을 받아들이고 애정을 표현하는 게 좋습니다.

셀프케어 매뉴얼

· 아이의 특성에 맞는 교육 환경을 만들어준다.
· 아이가 싫다고 느끼는 것을 파악해서 강요하지 않는다.
· 아이가 절대적인 안심감을 가질 수 있도록 대한다.

남편이나 아내가 HSP라면
어떻게 도와줘야 할까?

부부 중에 한 쪽이 HSP인 경우에는 서로의 특징이나 피해야 할 것들을 알아두면 무난하게 의사소통을 할 수 있는 길을 찾기가 쉽습니다. 하지만 이런 부분에 무지한 경우, 상대에 대한 몰이해로 갈등과 반목이 끊이지 않는 원수지간이 되고 맙니다.

그렇기에 서로가 HSP인지 HSS인지, 아니면 어느 쪽도 아닌지를 잘 파악한 다음에 서로가 자극을 원하는 방식이나 반응하는 정도의 차이를 받아들인다면 잘 어울리는 관계가 될 수 있습니다.

둘 다 HSP라도 한 쪽이 좀 더 외향적이고, 다른 쪽이 내향적이면 같은 현실을 경험하면서도 다르게 받아들이기에 서로가 용납되지 않는 상황을 맞을 수도 있습니다.

그렇더라도 인간은 주관적인 세계에서부터 인간관계나 상황을 객관적으로 볼 수 있기에, 상대와 느끼는 현실이 다르더라도 단지 알려고 하는 시도만으로도 둘 사이의 골을 좁힐 수 있습니다.

만약 상대의 부정적인 에너지가 너무 강해서 자신의 긍정적인 에너지를 빨아들이는 경우라면 함께 있어도 서로에게 시너지 효과를 기대할 수 없기 때문에 잠시 거리를 두고 상황을 살펴보는 편이 좋습니다.

우리 주변에서 겉으로는 잘 어울리는 것 같은데 이혼을 하는 사람들은 대부분 서로 다른 방향으로 치닫는 에너지 때문에 사소한 일에도 부딪쳐 싸움을 일삼다가 헤어지는 결단을 내린 경우가 많습니다.

셀프케어 매뉴얼

- 이해하기 어려운 상대의 단점을 이해하려고 시도해 본다.
- 상대방의 기분이 어떤지 세심하게 체크한다.
- 서로의 성향이 맞지 않다고 판단되면 거리를 두고 생각해 보는 편이 좋다.

양육자가 비HSP인데
아이가 HSP라면 어떻게 해야 할까?

HSP가 청소년기가 되기 전까지는 어른들이 말하는 것을 절대적이라고 여기기 때문에 무슨 문제라도 생기면 무조건 자기 탓이라고 생각합니다. 싫고, 괴롭고, 힘들다는 것을 느끼면서도 그 원인까지는 스스로 알지 못해서 그러는 것입니다.

　누구나 어릴 때는 어른들이 상상할 수도 없는 변화의 소용돌이 속에서 몸부림치게 되는데, 그런 아픔을 견디다 못해 현실 도피를 하거나 친구들과 싸우거나 하면서 극심한 스트레스 반응을 일으킵니다.

그런 일들이 자주 일어나게 되면 주위에서는 혹시 아이에게 발달장애가 있는 게 아닐까 의심하기도 합니다. 그럴 때는 양육자인 부모가 주변의 자극이 너무 강하다는 걸 알아차리고 주변 정리를 잘해 줘야 합니다.

부모가 비HSP라면 아이는 질책이나 주의를 받으며 자란 경우가 많습니다. 충분히 사랑받으며 자랐다는 느낌을 얻지 못한 채 자존감이 바닥인 어른으로 살아갈 가능성이 높습니다.

10대가 되면 아이의 눈에 부모의 인간적 한계가 들어오고 집안의 문제도 객관적으로 보이기 시작하는데, HSP는 여느 아이들과 달리 부모의 약점을 덮으려고 무의식적으로 부모에게 맞춰가기 시작합니다.

그러나 속내를 발산하지 않고 억누르기만 하면 불안감이나 억울한 느낌에 점차 휩싸여 정신 건강에 무척 해롭습니다. 그러니 무조건 부모에게 맞추려는 행동을 멈추게 하고, 아이가 독립적인 인격체로 성장할 수 있도록 이끌어 주어야 합니다.

셀프케어 매뉴얼

- 아이가 부모나 선생님에게 무조건 맞추는 것을 그만두게 한다.
- 아이가 자신의 괴로움을 어른들에게 솔직히 말할 수 있게 한다.
- 너무 예민한 자신을 탓하는 습관에 익숙해지지 않도록 아이의 자신감을 북돋아 준다.

부하 직원이 HSP여서 다루기가 어렵다

HSP는 배려나 센스가 뛰어난 반면에 자기주장을 제대로 펼치지 못하고 행동이 느리며 잦은 실수에 항상 침울한 표정을 짓는 등 믿음직한 부분이 결여되어 있다는 단점이 있습니다. 이런 HSP를 부하 직원으로 둔 경우에 상사로서 어떻게 처신해야 할지 생각해 봅시다.

HSP는 표면상으로는 솔직하고 순종적이어서 겉으로만 보면 아무 문제가 없어 보이지만, 일이 쌓일수록 부하가 걸리는 바람에 해야 할 일을 제대로 못하고 실수를 반복하고 컨디션이 악화되는 등 피로감에 짓눌리는 모습을 보입니다.

이들이 일하기에 편안한 환경을 만들어주기 위해서는 무리하게 일을 시키지 않거나 가끔 혼자 있을 수 있는 장소나 시간을 확보해 주면 좋습니다.

독립적으로 일할 수 있는 직책을 맡기면 능력을 발휘하며 잘해 낼 수 있는데, 복잡한 조직 사회에서 이렇게 배려하기는 곤란합니다. 그렇더라도 순서대로 해낼 수 있는 일을 하나씩 시키면 차분히 자기 능력을 발휘할 것입니다.

특히 HSP는 기획 같이 창의적인 업무를 맡기면 섬세한 성격을 살려 좋은 결과를 낼 수 있습니다. 다른 사람들과 요령껏 어울려 일하는 능력이 부족할 뿐, 세심하게 배려해 주면 창조적인 분야에서 남다른 성과를 거둘 수 있으니 그 방면에서 일하게 하면 좋습니다.

경쟁이 심한 업무나 타인과 팀워크를 맞춰 일하는 부서에서는 자기만의 특성을 살려 일하기가 어렵지만, 혼자 뭔가를 이뤄내는 작업에는 나름의 능력을 발휘할 수 있습니다.

셀프케어 매뉴얼

- 혼자가 될 수 있는 시간이나 장소를 확보해 준다.
- 일의 우선순위를 정해서 전달한다.
- 타인과의 경쟁은 피하고 혼자 창의적인 일에 집중할 수 있는 업무를 맡겨본다.

CASE 52 친구가 너무 예민해서 상대하기 곤란할 때가 많다

HSP는 마음 깊이 상처를 받으며 성장해 온 과정에서 계속 자기 자신을 탓해 왔기 때문에 지독하게 부정적인 사고 습관을 껴안고 살아가는 어른이 됩니다.

항상 감정 표출을 억제하면서 주위 사람들에게 배려하는 습성에 젖어 있는 그들은, 굉장히 신뢰하는 사람들한테만은 마음의 상처를 줄 정도로 직설적으로 말하기도 합니다.

외적으로 보이는 차분한 이미지와는 달리 HSP는 내면에 부정적인 감정을 차곡차곡 쌓아두고 있기 때문에, 가슴속에 부정적인 또 하나의 자신을 가지고 있어 친한 사람들조차 그들의 양면적 성격을 상대하기가 무척 어렵습니다.

게다가 그들은 말이 아닌 감정에 더 민감하게 반응하기 때문에 희로애락의 표현이 과대하거나 때로는 어쩔 수 없을 정도로 완고한 면을 보입니다. 그런가 하면 조급한 면도 있어서 당면한 문제에 따라 극단적인 태도를 보이는 등 사람들이 변덕이 심하다고 말할 정도로 변화무쌍합니다.

HSP는 자신의 본심을 감추고 위장하기를 잘하는데, 건강한 듯이 보여도 매우 피곤하거나 남들은 모르는 상처나 고민을 껴안고 살아갑니다.

그럼에도 HSP는 조용히 사람들의 마음에 다가가는 섬세함이 뛰어나기 때문에 누군가의 좋은 친구이자 좋은 상담자가 될 수 있습니다. 까다롭고 변화가 많은 성격 탓에 교제의 폭이 좁아서 단지 몇 명의 친구밖에 없지만, 누군가에게는 매우 좋은 친구가 될 수 있는 것이 HSP의 특징입니다.

셀프케어 매뉴얼

- 자신이 부정적인 상태일 때는 친구를 만나지 않는다.
- 가까운 친구의 트라우마와 상처를 건드리는 말은 꺼내지 않는다.
- 친구가 HSP임을 알게 되더라도 필요 이상의 신경을 쓰지 않는다.

아이를 지배하는 '착한 학대'

부모가 일 때문에 바쁜 나머지 아이에게 과도하게 사교육을 시키거나 훈육을 해서 아이를 옭아매는 일이 있습니다.

자기 자신의 마음을 제대로 표현하지 못한 채 자란 부모는 자신의 아이에게 '난 네가 이런 아이로 자라는 것은 정말 싫어', '밖에 나가서도 창피하지 않은 아이가 돼야지' 같은 말을 합니다.

이와 같은 말들은 자신이 부모에게 들어왔던 말입니다. 아이는 그런 부모의 말에 거부감 없이 따르려고 노력하면서도 부모에게 응석이나 애교를 부리지 않습니다. 그러나 아이는 부모의 눈치를 살피면서 진심 어린 감정은 억누른 채 자랍니다.

이처럼 주위 사람에게는 보이지 않는 부모의 아이에 대한 일방적인 지배를 '착한 학대'라고 합니다. 이 경우 부모는 자신의 어린 시절을 반복하는 것인데 이것을 인지하고 자신의 약점으로 받아들인다면 부모도, 아이도 변할 수 있습니다.

제 **7** 장

에필로그

HSP로
살아간다는 것

HSP는 특유의 예민함 탓에 스스로는 삶의 고통에 시달리지만, 그 이상으로 매력이 넘치는 사람입니다. 당신이 HSP라면 이 책을 통해 자신의 예민함이나 날카로운 감각, 풍부한 내면세계를 부정하기보다 소중하게 가꿔나가야 한다는 사실을 깨달았을 것입니다.

HSP 중에는 스스로 만들어낸 과대망상이나 부모의 잘못된 양육 방식 때문에 소극적으로 살아가며 괴로워하는 사람들이 많지만, 진정 원하는 것을 따라 주관적으로 살아가는 사람들도 많습니다.

HSP는 특히 예술 분야에 뛰어난 재능을 보이는데, 그만큼 자기만의 독특한 개성과 재능, 그리고 꿈을 이루기 위해 남다른 노력을 합니다.

자기만의 재능을 바탕으로 어떤 일을 좋아하거나 두근거리는 마음으로 직업을 선택하게 되면 하는 일이 즐겁고 노력에 따른 보상이나 행운도 뒤따르게 됩니다. HSP들 중에는 이런 사람들이 많습니다.

비록 여러 사람들과 어울려 지내지 못하거나 혼자일 때가 많지만, 끝까지 자기다움을 지키며 성장하는 HSP는 가만히 보면 마치 크리에이터가 되기 위해 태어난 존재인 것 같습니다.

크리에이터와 같은 창의적인 직종은 다른 사람들에게 맞추려고 노력하거나 휘둘리는 일이 적기 때문에 자기답게 활동할 수 있고 능력을 인정받으면 자기 긍정감도 높아져서 큰 만족감을 느낄 수도 있습니다. 그러니 당신도 '즐겁다', '기쁘다'라는 마음을 온전히 느낄 수 있는 일이 무엇인지 찾아보고 도전해 보기 바랍니다.

셀프케어 매뉴얼

- 할 때마다 즐겁고 기분 좋은 일을 직업으로 삼는다.
- 글, 그림, 음악 등 자기표현을 할 수 있는 취미를 갖는다.
- 자신의 오감이 기뻐하는 일을 발견한다.

HSP의 장점과
삶의 방식

난 예민하기 때문에 직감력이 뛰어나고 주위 사람들에게 폐를 끼치는 일도 적습니다!

HSP는 어떻게 직감적으로 사물의 본질을 이해하거나 상상할 수 있는 것일까요? 직감에는 크게 두 가지가 있습니다. 하나는 과거의 경험이나 지식, 기억을 바탕으로 무의식 속에서 정보가 처리되어 왠지 그렇게 느끼는 형태로 깨닫는 경우입니다.

다른 하나는 경험이나 지식, 기억에는 없는데도 순간적으로 떠올랐다고 느끼는 경우입니다. 우리가 흔히 번득이는 영감이나 착상이라고 부르는 것입니다.

인간의 DNA 속에는 오랜 세월 동안의 진화 과정에서 획득했지만 지금은 사용하지 않는 유전 정보가 많아서, 당장 현실에 필요한 유전자와 매치되는 것들은 지극히 적습니다.

인간의 기억도 마찬가지입니다. 오래전부터 들어온 모든 정보가 뇌에 고스란히 보존되어 있음에도 불구하고 의식적으로 꺼낼 수 있는 기억은 극히 일부분에 지나지 않습니다.

대부분의 사람들이 잠재워둔 막대한 정보에 언제 어디서든 접속할 수 있는 뇌를 갖고 있다면 직감이 발동해도 이상할 리 없을 것입니다. 바로 이것이 HSP들이 가지고 있는 감각이고 비HSP와 구별되는 특별한 점입니다. 이것은 HSP 사이에서도 개인차가 아주 큽니다. 전문가들은 HSP 중에서도 특별하게 민감한 사람은 4퍼센트 정도에 불과하다고 합니다.

유아기 때부터 아무도 알려주지 않은 일인데도 어떤 사물의 불가사의한 사실을 직감적으로 알아차리거나 태내에 있을 때나 태어난 바로 직후의 기억, 심지어 전생의 기억까지 선명하게 떠올리는 사람이 있습니다. 그런가 하면 식물이나 동물을 비롯해서 주변 사물과 대화를 나누거나 보통 사람들은 생각할 수도 없는 현상을 느끼거나 보는 경우도 있습니다.
HSP 중에는 시대를 앞서 느끼거나 이미지로 그릴 수 있는 사람이 반드시 나타날 것입니다. 어쩌면 미래 세계의 주인공은 그들 중에서 나오지 않을까 하는 생각도 해봅니다.

마이너스 감정을 해소시킬
21일간의 다이어리

HSP가 자신의 민감한 특징들을 받아들여서 그간 느껴온 고통을 뛰어넘기 위해서는, 자신이 무엇에 어느 정도 예민한지를 제대로 아는 게 중요합니다.

마음에 쌓인 마이너스 감정들은 평소에는 잘 알아차리지 못해도 시간의 흐름에 따라 조금씩 축적되어 가는데, 어떤 자극이 더해지면 갑자기 분노나 슬픔으로 표출되어 자신이나 주변에 악영향을 끼치기도 합니다. 그렇게 되지 않기 위해서라도 생활 속에서 매일 생기는 마이너스 기억이나 감정을 글로 표현하면 충분히 '셀프케어'를 할 수 있습니다.

이제부터 날마다 생활 속에서 일어난 일들에 대한 자신의 감정을 써내려가는 연습을 하겠습니다. 매일같이 글쓰기를 계속함으로써 자신의 본심이나 심층 심리를 깨닫게 되면 스스로 날카롭고 민감한 기질을 받아들일 수 있습니다.

뇌과학자들은 이런 행동을 21일 동안 계속하면 실제로 그 행동을 하기 위해 신경세포를 연결하는 시냅스들이 서로 이어져서 습관화되기가 쉬워진다고 말합니다. 그러니 일단 21일간의 다이어리를 써봅시다.

Date. / /

오늘 생긴 일

느낀 점

Date. / /

오늘 생긴 일

느낀 점

Date. / /

오늘 생긴 일

느낀 점

Date. / /

오늘 생긴 일

느낀 점

Date. / /

오늘 생긴 일

느낀 점

Date. / /

오늘 생긴 일

느낀 점

Date. / /

오늘 생긴 일

느낀 점

Date.   /   /

오늘 생긴 일   느낀 점

Date.   /   /

오늘 생긴 일   느낀 점

Date.   /   /

오늘 생긴 일   느낀 점

Date.   /   /

오늘 생긴 일   느낀 점

Date.   /   /

오늘 생긴 일   느낀 점

Date.   /   /

오늘 생긴 일   느낀 점

Date.   /   /

오늘 생긴 일   느낀 점

Date.   / /

오늘 생긴 일

느낀 점

Date.   / /

오늘 생긴 일

느낀 점

Date.   / /

오늘 생긴 일

느낀 점

Date.   / /

오늘 생긴 일

느낀 점

Date.   / /

오늘 생긴 일

느낀 점

Date.   / /

오늘 생긴 일

느낀 점

Date.   / /

오늘 생긴 일

느낀 점

옮긴이 **이정은**

고려대학교를 졸업하고 일본 히토쓰바시대학(一橋大學) 대학원에서 석사학위와 '한일 근대의 인쇄 매체를 통해 나타난 근대여성 연구'라는 주제로 박사학위를 받았다. 현재 일본에서 대학강사로 활동하고 있다. 번역서로 《곁에 두고 읽는 니체》, 《살아남는다는 것에 대하여》, 《도망치고 싶을 때 읽는 책》, 《만만하게 보이지 않는 대화법》 등이 있다.

몹시 예민하지만, 내일부터 편안하게
과민성 까칠 증상의 마음평안 생존법

초판 1쇄 인쇄일 2019년 04월 02일
초판 1쇄 발행일 2019년 04월 08일

지은이	나가누마 무츠오		
옮긴이	이정은		
발행인	이승용		
주간	이미숙		
편집기획부	박지영 황예린	**디자인팀**	황아영 한혜주
마케팅부	송영우 김태운	**홍보마케팅팀**	조은주 김예진
경영지원팀	이루다 이소윤		

발행처 (주)홍익출판사
출판등록번호 제1-568호
출판등록 1987년 12월 1일
주소 [04043]서울 마포구 양화로 78-20(서교동 395-163)
대표전화 02-323-0421　　**팩스** 02-337-0569
메일 editor@hongikbooks.com
홈페이지 www.hongikbooks.com

제작처 갑우문화사

ISBN 978-89-7065-681-6 (03180)

이 도서의 국립중앙도서관 출판예정도서목록(CIP)은
서지정보유통지원시스템 홈페이지(http://seoji.nl.go.kr)와
국가자료공동목록시스템(http://www.nl.go.kr/kolisnet)에서 이용하실 수 있습니다.
(CIP제어번호: CIP2019008994)